ÉDITORIAL

JUILLET 2023

Le Royaume est tout proche !

Pour beaucoup, l'été est un temps de vacances, un temps de rupture avec le rythme habituel. Retrouvailles familiales, vacances entre amis, barbecue entre voisins sont autant d'occasions d'échanger et de partager. L'année se raconte, les souvenirs et les anecdotes s'égrènent. Au retour de mission, les disciples de Jésus racontent eux aussi ce qu'ils ont fait, ce qu'ils ont vu, ce qu'ils ont vécu. Jésus les invite à aller à l'écart, dans un endroit désert et à se reposer. Et si cette invitation de Jésus pouvait aussi, encore aujourd'hui, guider nos activités pour ces mois de juillet et août ? L'enjeu est de relire ce qui nous arrive, de poser un regard de foi sur nos vies, de prendre du recul, de nous reposer et de refaire nos forces avec Dieu. Dans la prière, la parole de Dieu nous éclaire et l'Esprit nous donne de comprendre, de rendre grâce, d'entendre de nouveaux appels pour nos vies de baptisés. Vacances, pèlerinages, lectures, rencontres, randonnées vont marquer nos mois d'été. Que tout cela soit aussi pour nous des occasions de guetter les signes du royaume de Dieu qui avance en nous et autour de nous. ■

« Que les vacances soient pour nous des occasions de guetter les signes du royaume de Dieu. »

Prier avec le Saint-Père

Intention universelle du mois de juillet 2023

Prions afin que les catholiques
mettent au centre de leur vie l'eucharistie
qui transforme en profondeur
les relations humaines
et ouvre à la rencontre avec Dieu
et avec les frères et sœurs.

Pour vous aider à prier :
www.prieraucoeurdumonde.net

SAINTS ET SAINTES DU MOIS DE JUILLET 2023

Xavier Lecœur, journaliste et historien

Chaque jour, l'Église fête plusieurs saints et bienheureux : ceux du calendrier romain, ceux des calendriers diocésains et ceux du calendrier des Églises orientales. Tous les mois, Prions en Église *vous propose d'en découvrir quelques-uns.*

1er juillet
Bx Ignace Falzon
(1813-1865)
Laïc maltais catholique qui consacra sa vie à la catéchèse et à la prédication, notamment auprès des marins britanniques, souvent anglicans, en garnison à La Valette. Béatifié en 2001.

2 juillet
St Bernardin Realino
(1530-1616)
« Je ne désire pas les honneurs de ce monde, mais seulement la gloire de Dieu et le salut de mon âme. » Ainsi parlait cet ancien juriste, devenu un grand prédicateur jésuite. Canonisé en 1947.

3 juillet
St Thomas
(lire page 31)

4 juillet
Bse Catherine Jarrige
(1754-1836)
Durant la Révolution, cette laïque très pieuse du village de Mauriac (Cantal) aida les prêtres pourchassés. Elle se mit ensuite au service de tous les nécessiteux. Béatifiée en 1996.

5 juillet
Bx Joseph Boissel
(1909-1969)
Ce prêtre breton, missionnaire oblat de Marie Immaculée, passa trente ans de sa vie au Laos afin d'évangéliser la population. Il mourut dans une embuscade. Béatifié en 2016.

6 juillet
Ste Nazaire March Mesa
(1889-1943)
Espagnole émigrée en Amérique latine, où elle fonda l'Institut des Sœurs Missionnaires croisées, vouées à l'évangélisation. Canonisée en 2018.

7 juillet
St Pantène
(IIe siècle)
Philosophe stoïcien converti au christianisme. Il dirigea la célèbre École théologique d'Alexandrie.

8 juillet
St Kilian
(640-689)
Cinquante ans avant saint Boniface, ce moine irlandais évangélisa une partie de l'Allemagne actuelle. Il mourut martyr.

9 juillet
Bx Louis Caburlotto
(1817-1897)
« Éduquer en aimant, aimer en éduquant » : telle était la devise de ce prêtre vénitien, fondateur de la congrégation enseignante des Filles de Saint-Joseph dédiée aux enfants pauvres. Béatifié en 2015.

10 juillet
Stes Rufine et Seconde
(IIIe siècle)
Filles d'un sénateur romain, livrées au martyre sous l'empereur Valérien.

11 juillet
St Benoît de Nursie
(Ve-VIe siècles)
« Ne rien préférer à l'amour du Christ », exhortait, dans sa célèbre règle monastique, le fondateur de l'abbaye du Mont-Cassin, berceau de l'ordre des bénédictins. Il mourut la même année que sainte Scholastique, sa sœur. Copatron de l'Europe.

12 juillet
St Olivier Plunket
(1629-1681)
Primat d'Irlande. Ayant été accusé injustement de comploter contre Charles II, le roi d'Angleterre, il fut arrêté et condamné à mort. Canonisé en 1975 par le pape Paul VI.

13 juillet
Bx Jacques de Voragine
(XIIIe siècle)
Dominicain italien, archevêque de Gênes, auteur de la *Légende dorée*. Ce recueil de vies de saints rédigé en latin connut, au Moyen Âge, un succès considérable.

14 juillet
St Camille de Lellis
(1550-1614)
Choqué par l'état déplorable des hôpitaux, cet ancien soldat fonda, en 1582, l'ordre des Serviteurs des malades (Camilliens). Il est le patron des infirmiers.

15 juillet
St Bonaventure
(1221-1274)
« Sans la prière, n'espérez pas croître en vertus », affirmait ce grand théologien qui fut le septième ministre général de l'ordre des Frères mineurs. Docteur de l'Église.

16 juillet
St Hélier
(VIe siècle)
Ermite belge qui vécut à Jersey et donna son nom à la capitale de cette île anglo-normande.

17 juillet
Ste Marcelline
(IVe siècle)
Sœur de saint Ambroise de Milan, qui lui dédia son traité *De Virginibus* (Sur les Vierges).

18 juillet
St Frédéric
(VIIIe-IXe siècles)
Évêque d'Utrecht (Pays-Bas), tué dans sa cathédrale sur l'ordre de l'impératrice Judith, à qui il avait reproché ses mœurs dissolues.

19 juillet
St Symmaque
(Ve-VIe siècles)
Après un début de pontificat troublé par l'élection d'un antipape, il put consacrer son énergie à s'occuper des pauvres, des pèlerins, et à restaurer les églises de Rome.

20 juillet
Ste Marguerite
(IIIe-IVe siècles)
Cette jeune chrétienne serait morte martyre à Antioche.

21 juillet
St Laurent de Brindisi
(1559-1619)
Ce religieux capucin italien fut un prédicateur itinérant extraordinaire. Grâce à ses talents de polyglotte, il prêcha dans toute l'Europe, notamment en Allemagne. Saint Jean XXIII le proclama docteur de l'Église en 1959.

22 juillet
Ste Marie Madeleine
(Ier siècle)
Délivrée par Jésus de l'emprise de « sept démons », elle le suivit. Fidèle jusqu'au bout, elle était présente à la crucifixion. Premier témoin de la Résurrection, elle courut l'annoncer aux disciples.

23 juillet
St Jean Cassien
(IVe-Ve siècles)
« Si tu veux parvenir à la connaissance véritable des Écritures, empresse-toi d'acquérir une humilité de cœur inébranlable », conseillait ce grand chantre du monachisme.

24 juillet
Ste Christine
Le Martyrologe romain fête aujourd'hui deux saintes prénommées Christine : une martyre italienne de l'Antiquité et une mystique flamande du Moyen Âge.

25 juillet
Bx Jean Soreth
(1394-1471)
Ce natif de Caen fut, pendant vingt ans, le supérieur général de l'ordre du Carmel, qu'il chercha à réformer et à ramener à une vie religieuse plus fervente.

26 juillet
St Titus Brandsma
(1881-1942)
Le 15 mai 2022, le pape François canonisait à Rome ce prêtre carme et professeur néerlandais qui mourut à Dachau pour s'être opposé au nazisme et à la persécution des juifs.

27 juillet
Ste Nathalie
(IXe siècle)
Chrétienne fervente, martyrisée à Cordoue (Espagne).

28 juillet
Bx Stanley Rother
(1935-1981)
Ce prêtre missionnaire américain est né à Okarche, dans l'Oklahoma. Pour avoir défendu les droits et la dignité des premiers peuples du Guatemala, il fut assassiné dans son presbytère, durant la guerre civile. Béatifié en 2017.

29 juillet
Bx Urbain II
(XIe siècle)
Élu pape en 1088, ce Champenois poursuivit la réforme de saint Grégoire VII pour la purification des mœurs ecclésiastiques. En 1095, il prêcha la première croisade pour la reconquête des Lieux saints.

30 juillet
St Pierre Chrysologue
(IVe-Ve siècles)
« Homme, pourquoi cherches-tu comment tu as été fait et ne recherches-tu pas en vue de quoi tu es fait ? », interrogeait cet évêque de Ravenne, surnommé « Chrysologue » (parole d'or) en raison de son éloquence. Docteur de l'Église.

31 juillet
St Germain d'Auxerre
(IVe-Ve siècles)
Un des grands prélats de son époque. Évêque d'Auxerre pendant trente ans, il encouragea la vocation de sainte Geneviève et effectua deux voyages en Angleterre pour combattre l'hérésie de Pélage qui s'y répandait.

Prions avec les textes de la messe

DU 1ER AU 31 JUILLET 2023

Partagez vos intentions de prière

....

....

....

....

....

....

....

....

....

Envoyez vos intentions de prière à :
Prions en Église, Intentions de prière, 18 rue Barbès, 92128 Montrouge Cedex.
Elles seront portées par l'équipe de *Prions en Église* qui participera au Pèlerinage national à Lourdes, du 11 au 16 août.

SAMEDI 1ER JUILLET 2023

12E SEMAINE DU TEMPS ORDINAIRE COULEUR LITURGIQUE : VERT

Temps ordinaire, *suggestion d'oraisons et d'antiennes n° 11*
ou **bienheureuse Vierge Marie,** *voir p. 16*

Antienne d'ouverture

Écoute, Seigneur, ma voix qui t'appelle !
Sois mon secours, ne m'abandonne pas,
ne me délaisse pas, Dieu, mon salut ! (cf. Ps 26, 7.9)

Prière

Seigneur Dieu, force de ceux qui espèrent en toi, sois favorable à nos appels : puisque, mortels et fragiles, nous ne pouvons rien sans toi, donne-nous toujours le secours de ta grâce ; ainsi pourrons-nous, en observant tes commandements, vouloir et agir de manière à te plaire. Par Jésus… — ***Amen.***

Lecture

du livre de la Genèse (18, 1-15)

« Y a-t-il une merveille que le Seigneur ne puisse accomplir ?
Au moment où je reviendrai chez toi, Sara aura un fils »

En ces jours-là, aux chênes de Mambré, le Seigneur apparut à Abraham, qui était assis à l'entrée de la tente. C'était l'heure la plus chaude du jour. Abraham leva les yeux, et il vit trois hommes qui se tenaient debout près de lui. Dès qu'il les vit, il courut à leur rencontre depuis l'entrée de la tente et se prosterna jusqu'à terre. Il dit : « Mon seigneur, si j'ai pu

trouver grâce à tes yeux, ne passe pas sans t'arrêter près de ton serviteur. Permettez que l'on vous apporte un peu d'eau, vous vous laverez les pieds, et vous vous étendrez sous cet arbre. Je vais chercher de quoi manger, et vous reprendrez des forces avant d'aller plus loin, puisque vous êtes passés près de votre serviteur ! » Ils répondirent : « Fais comme tu l'as dit. » Abraham se hâta d'aller trouver Sara dans sa tente, et il dit : « Prends vite trois grandes mesures de fleur de farine, pétris la pâte et fais des galettes. » Puis Abraham courut au troupeau, il prit un veau gras et tendre, et le donna à un serviteur, qui se hâta de le préparer. Il prit du fromage blanc, du lait, le veau que l'on avait apprêté, et les déposa devant eux ; il se tenait debout près d'eux, sous l'arbre, pendant qu'ils mangeaient. Ils lui demandèrent : « Où est Sara, ta femme ? » Il répondit : « Elle est à l'intérieur de la tente. » Le voyageur reprit : « Je reviendrai chez toi au temps fixé pour la naissance, et à ce moment-là, Sara, ta femme, aura un fils. »
Or, Sara écoutait par-derrière, à l'entrée de la tente. – Abraham et Sara étaient très avancés en âge, et Sara avait cessé d'avoir ce qui arrive aux femmes. Elle se mit à rire en elle-même ; elle se disait : « J'ai pourtant passé l'âge du plaisir, et mon seigneur est un vieillard ! » Le Seigneur Dieu dit à Abraham : « Pourquoi Sara a-t-elle ri, en disant : "Est-ce que vraiment j'aurais un enfant, vieille comme je suis ?" Y a-t-il une merveille que le Seigneur ne puisse accomplir ? Au moment où je reviendrai chez toi, au temps fixé pour la naissance, Sara aura un fils. » Sara mentit en disant : « Je n'ai pas ri », car elle avait peur. Mais le Seigneur répliqua : « Si, tu as ri. » – Parole du Seigneur.

Cantique (Luc 1, 46b-47, 48-49, 50.53, 54-55)

℟ ***Le Seigneur se souvient de son amour.***

Mon âme exalte le Seigneur,
exulte mon esprit en Dieu, mon Sauveur ! ℟

Il s'est penché sur son humble servante ;
désormais tous les âges
me diront bienheureuse.
Le Puissant fit pour moi des merveilles ;
Saint est son nom ! ℟

Sa miséricorde s'étend d'âge en âge
sur ceux qui le craignent.
Il comble de biens les affamés,
renvoie les riches les mains vides. ℟

Il relève Israël son serviteur,
il se souvient de son amour,
de la promesse faite à nos pères,
en faveur d'Abraham
et sa descendance à jamais. ℟

Acclamation de l'Évangile

Alléluia. Alléluia. Le Christ a pris nos souffrances, il a porté nos maladies. ***Alléluia.***

Évangile de Jésus Christ

selon saint Matthieu (8, 5-17)

« Beaucoup viendront de l'orient et de l'occident et prendront place avec Abraham, Isaac et Jacob »

En ce temps-là, comme Jésus était entré à Capharnaüm, un centurion s'approcha de lui et le supplia : « Seigneur, mon serviteur est couché, à la maison, paralysé, et il souffre terriblement. » Jésus lui

dit : « Je vais aller moi-même le guérir. » Le centurion reprit : « Seigneur, je ne suis pas digne que tu entres sous mon toit, mais dis seulement une parole et mon serviteur sera guéri. Moi-même qui suis soumis à une autorité, j'ai des soldats sous mes ordres ; à l'un, je dis : "Va", et il va ; à un autre : "Viens", et il vient, et à mon esclave : "Fais ceci", et il le fait. » À ces mots, Jésus fut dans l'admiration et dit à ceux qui le suivaient : « Amen, je vous le déclare, chez personne en Israël, je n'ai trouvé une telle foi. Aussi je vous le dis : Beaucoup viendront de l'orient et de l'occident et prendront place avec Abraham, Isaac et Jacob au festin du royaume des Cieux, mais les fils du Royaume seront jetés dans les ténèbres du dehors ; là, il y aura des pleurs et des grincements de dents. » Et Jésus dit au centurion : « Rentre chez toi, que tout se passe pour toi selon ta foi. » Et, à l'heure même, le serviteur fut guéri.

Comme Jésus entrait chez Pierre, dans sa maison, il vit sa belle-mère couchée avec de la fièvre. Il lui toucha la main, et la fièvre la quitta. Elle se leva, et elle le servait.

Le soir venu, on présenta à Jésus beaucoup de possédés. D'une parole, il expulsa les esprits et, tous ceux qui étaient atteints d'un mal, il les guérit, pour que soit accomplie la parole prononcée par le prophète Isaïe : *Il a pris nos souffrances, il a porté nos maladies.*

Prière sur les offrandes

Seigneur Dieu, tu donnes à notre humanité la nourriture qui fortifie, et le sacrement qui renouvelle ; nous t'en prions : fais que ton secours ne manque jamais à nos corps et à nos esprits. Par le Christ, notre Seigneur. **— *Amen.***

Antienne de la communion
J'ai demandé une chose au Seigneur,
la seule que je cherche :
habiter la maison du Seigneur
tous les jours de ma vie. (Ps 26, 4)
OU
Père saint, garde mes disciples unis dans ton nom, le nom que tu m'as donné, pour qu'ils soient un, comme nous-mêmes, dit le Seigneur. (Jn 17, 11)

Prière après la communion
Cette communion à tes mystères, Seigneur, préfigure l'union des fidèles en toi ; fais qu'elle produise un fruit d'unité dans ton Église. Par le Christ, notre Seigneur. – ***Amen.***

INVITATION

Y a-t-il une personne dont le témoignage de foi a provoqué mon admiration ? Je peux la nommer dans ma prière.

COMMENTAIRE

Un modèle au top Matthieu 8, 5-17

Il n'appartient pas au peuple élu. Il n'est pas destinataire des promesses. Comment donc ce centurion pourrait-il avoir la foi ? Or, Jésus le souligne avec force, cet homme en est un vrai modèle : « Amen, je vous le déclare, chez personne en Israël, je n'ai trouvé une telle foi. » Là où nous serions tentés de poser des limites et des barrières, le Christ nous invite à élargir notre regard pour devenir témoins de l'action de Dieu dans les cœurs ! ■

***Bertrand Lesoing**, prêtre de la communauté Saint-Martin*

Bienheureuse Vierge Marie

Couleur liturgique : blanc ou vert

Les samedis du temps ordinaire sans mémoire obligatoire, on peut faire mémoire de la Vierge Marie, selon une tradition qui honore la foi et l'espérance sans défaut de Marie le Samedi saint.

Antienne d'ouverture

Bienheureuse es-tu, Vierge Marie :
tu as porté le Créateur de l'univers,
tu as mis au monde celui qui t'a faite,
et tu demeures toujours vierge.

Prière

Dieu de miséricorde, viens au secours de notre faiblesse : puisque nous faisons mémoire de la sainte Mère de Dieu, fais que, soutenus par son intercession, nous soyons relevés de nos péchés. Par Jésus Christ… **– *Amen.***

OU

Que vienne à notre aide, Seigneur, nous t'en prions, l'admirable intercession de la bienheureuse Marie toujours vierge ; qu'elle nous obtienne la joie de vivre dans la paix que tu nous donnes, délivrés de tout péril. Par Jésus Christ… **– *Amen.***

Prière sur les offrandes

En rendant hommage à la Mère de ton Fils, Seigneur, nous te supplions : que le sacrifice offert en ce jour fasse de nous, par le don de ta grâce, une éternelle offrande à ta gloire. Par le Christ, notre Seigneur. **– *Amen.***

Préface de la Vierge Marie, p. 231.

Antienne de la communion

Le Puissant fit pour moi
des merveilles ; Saint est son nom.
(Lc 1, 49)

Prière après la communion

Tu nous as fait participer à la rédemption éternelle, et nous te prions, Seigneur : alors que nous faisons mémoire de la Mère de ton Fils, comble-nous de la plénitude de ta grâce, et fais-nous éprouver toujours davantage les effets du salut. Par le Christ, notre Seigneur. **– *Amen.***

DIMANCHE 2 JUILLET 2023

13E DIMANCHE DU TEMPS ORDINAIRE

ANNÉE A – COULEUR LITURGIQUE : VERT

« Qui vous accueille m'accueille. »
Matthieu 10, 40

« Ta fidélité, je l'annonce d'âge en âge » (Ps 88, 2). L'Église est un peuple de louange ouvert à tous les hommes. Pour faire mémoire de l'Alliance de Dieu avec l'humanité, engageons-nous fidèlement, nous aussi, à la suite du Christ. Sa Pâque nous unit dans l'amour infini du Père. Avec l'Esprit de nos baptêmes, chantons la joie de l'Évangile.

RITES INITIAUX

Chant d'entrée *(Suggestions p. 255)*

OU

Antienne d'ouverture

Tous les peuples, battez des mains,
acclamez Dieu par vos cris de joie ! (Ps 46, 2)

Suggestion de préparation pénitentielle *(ou p. 223)*

Frères et sœurs, reconnaissons humblement que nous sommes pécheurs et invoquons le pardon du Seigneur.

Seigneur Jésus, par ta mort et ta résurrection, tu nous donnes la vie, tu nous rends fidèles à l'amour du Père. Prends pitié de nous.

— Prends pitié de nous.

Ô Christ, ta parole est source de la vraie vie, tu ravives notre foi. Prends pitié de nous.

— Prends pitié de nous.

Seigneur, élevé dans la gloire du ciel, tu offres le salut à tous les hommes, tu fais de nous des disciples missionnaires. Prends pitié de nous.

— Prends pitié de nous.

Que Dieu tout-puissant nous fasse miséricorde ; qu'il nous pardonne nos péchés et nous conduise à la vie éternelle.

— Amen.

Gloire à Dieu *(p. 225)*

Prière

Tu as voulu, Seigneur Dieu, que par la grâce de l'adoption filiale, nous devenions des enfants de lumière ; ne permets pas que nous soyons enveloppés des ténèbres de l'erreur, mais accorde-nous d'être toujours rayonnants dans la splendeur de ta vérité. Par Jésus… ***— Amen.***

LITURGIE DE LA PAROLE

Lecture du deuxième livre des Rois (4, 8-11.14-16a)

« Celui qui s'arrête chez nous
est un saint homme de Dieu »

Un jour, le prophète Élisée passait à Sunam ; une femme riche de ce pays insista pour qu'il vienne manger chez elle. Depuis, chaque fois qu'il passait par là, il allait manger chez elle. Elle dit à son mari : « Écoute, je sais que celui qui s'arrête toujours chez nous est un saint homme de Dieu. Faisons-lui une petite chambre sur la terrasse ; nous y mettrons un lit, une table, un siège et une lampe, et quand il viendra chez nous, il pourra s'y retirer. »
Le jour où il revint, il se retira dans cette chambre pour y coucher. Puis il dit à son serviteur : « Que peut-on faire pour cette femme ? » Le serviteur répondit : « Hélas, elle n'a pas de fils, et son mari est âgé. » Élisée lui dit : « Appelle-la. » Le serviteur

l'appela et elle se présenta à la porte. Élisée lui dit : « À cette même époque, au temps fixé pour la naissance, tu tiendras un fils dans tes bras. » – Parole du Seigneur.

Psaume 88 (89)

℟ ***Ton amour, Seigneur, sans fin je le chante !***

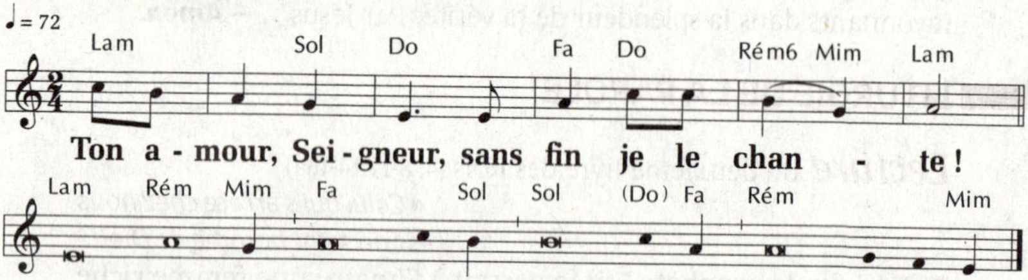

T. : AELF ; M. : J.-P. Lécot ; Éd. : ADF.

L'amour du Seigneur, sans fin je le chante ;
ta fidélité, je l'annonce d'âge en âge.
Je le dis : C'est un amour bâti pour toujours ;
ta fidélité est plus stable que les cieux. ℟

Heureux le peuple qui connaît l'ovation !
Seigneur, il marche à la lumière de ta face ;
tout le jour, à ton nom il danse de joie,
fier de ton juste pouvoir. ℟

Retrouvez ce psaume sur le CD "Les psaumes de l'année A"

Tu es sa force éclatante ;
ta grâce accroît notre vigueur.
Oui, notre roi est au Seigneur ;
notre bouclier, au Dieu saint d'Israël. ℟

Lecture de la lettre de saint Paul apôtre aux Romains (6, 3-4.8-11)

Unis, par le baptême, à la mort et à la résurrection du Christ

Frères, ne le savez-vous pas ? Nous tous qui par le baptême avons été unis au Christ Jésus, c'est à sa mort que nous avons été unis par le baptême. Si donc, par le baptême qui nous unit à sa mort, nous avons été mis au tombeau avec lui, c'est pour que nous menions une vie nouvelle, nous aussi, comme le Christ qui, par la toute-puissance du Père, est ressuscité d'entre les morts.

Et si nous sommes passés par la mort avec le Christ, nous croyons que nous vivrons aussi avec lui. Nous le savons en effet : ressuscité d'entre les morts, le Christ ne meurt plus ; la mort n'a plus de pouvoir sur lui. Car lui qui est mort, c'est au péché qu'il est mort une fois pour toutes ; lui qui est vivant, c'est pour Dieu qu'il est vivant. De même, vous aussi, pensez que vous êtes morts au péché, mais vivants pour Dieu en Jésus Christ.

– Parole du Seigneur.

Acclamation de l'Évangile

Alléluia. Alléluia. Descendance choisie, sacerdoce royal, nation sainte, annoncez les merveilles de Celui qui vous a appelés des ténèbres à son admirable lumière. ***Alléluia.***

T. : AELF ; M. : M. Godard ; Psalmodie : P. Robert ; CNA-215-18 ; Choristes.

Évangile de Jésus Christ selon saint Matthieu (10, 37-42)

« Celui qui ne prend pas sa croix n'est pas digne de moi. Qui vous accueille m'accueille »

En ce temps-là, Jésus disait à ses Apôtres : « Celui qui aime son père ou sa mère plus que moi n'est pas digne de moi ; celui qui aime son fils ou sa fille plus que moi n'est pas digne de moi ; celui qui ne prend pas sa croix et ne me suit pas n'est pas digne de moi. Qui a trouvé sa vie la perdra ; qui a perdu sa vie à cause de moi la trouvera. Qui vous accueille m'accueille ; et qui m'accueille accueille Celui qui m'a envoyé. Qui accueille un prophète en sa qualité de prophète recevra une récompense de prophète ; qui accueille un homme juste en sa qualité de juste recevra une récompense de juste. Et celui qui donnera à boire, même un simple verre d'eau fraîche, à l'un de ces petits en sa qualité de disciple, amen, je vous le dis : non, il ne perdra pas sa récompense. »

Homélie

Profession de foi *(p. 226)*

Suggestion de prière universelle

Le prêtre :

Forts de notre foi, prions pour tous les hommes, spécialement pour les plus « petits », pour ceux dont nous prenons soin au quotidien. Confions-les à l'amour du Père.

℟ ***Notre Père et notre Dieu, nous te prions.***

Y 55-231-12, ADF © Studio SM; T. : et M. : M. Scouarnec.

Le diacre ou un lecteur :

La douzième édition de la Nuit des églises s'achève. Prions pour les personnes assurant les services d'accueil dans nos paroisses. Qu'elles témoignent d'hospitalité et de bienveillance. ℟

℟ ***Notre Père et notre Dieu, nous te prions.***

En cette fin d'année scolaire, prions pour les responsables éducatifs. Qu'ils puissent orienter chaque jeune vers un avenir heureux. ℟

Les personnes âgées sont parfois isolées durant les mois d'été. Prions pour les aidants et les soignants. Qu'ils sachent offrir aux personnes isolées eau fraîche, écoute et tendresse. ℟

Le Christ nourrit les baptisés de sa propre vie. Avec l'Église universelle, prions pour que nous mettions au centre de notre vie l'eucharistie qui ouvre à la rencontre de Dieu et des hommes. ℟

(Ces intentions seront adaptées ou modifiées selon les circonstances.)

Le prêtre :

Dieu notre Père, toi le Dieu des vivants, entends notre prière pour toute l'humanité. Dans ta bonté, daigne l'exaucer, par le Christ, notre Seigneur. ***— Amen.***

LITURGIE EUCHARISTIQUE

Prière sur les offrandes

Seigneur Dieu, dans ta bonté, tu donnes à tes mystères de produire leurs effets ; nous t'en prions : que notre liturgie soit accordée à la sainteté de ces dons. Par le Christ, notre Seigneur.
— Amen.

Prière eucharistique *(Préface des dimanches, p. 229)*

Chant de communion *(Suggestions p. 255)*
OU
Antienne de la communion
Bénis le Seigneur, ô mon âme,
bénis son nom très saint,
tout mon être ! (Ps 102, 1)
OU
Père, je te prie pour eux : qu'ils soient un en nous,
eux aussi, pour que le monde croie que tu m'as envoyé,
dit le Seigneur. (cf. Jn 17, 20-21)

Prière après la communion
Nous t'en prions, Seigneur, donne-nous d'être vivifiés par le sacrifice divin que nous avons offert et reçu en communion ; ainsi, reliés à toi par une charité qui ne passera jamais, nous porterons un fruit qui demeure pour toujours. Par le Christ, notre Seigneur. ***— Amen.***

RITE DE CONCLUSION

Bénédiction

Envoi

COMMENTAIRE DU DIMANCHE

Karem Bustica, rédactrice en chef de *Prions en Église*

Instructions et encouragements

L'évangile de ce dimanche fait partie d'un discours de Jésus aux Apôtres envoyés en mission. Ce sont des instructions, des recommandations et des encouragements. Les exigences sont grandes pour les Apôtres parce que la mission l'est tout autant. Car il s'agit d'avoir avec le Christ le même lien qu'il entretient avec le Père. Le Christ lui-même est le visage du Père qui l'envoie. À leur tour, ses Apôtres ne peuvent qu'être le visage de ce même Christ et, donc, de son Père. Autrement dit, la mission des Apôtres ne consiste pas seulement à faire des beaux discours, ni à se montrer très gentils, ni à baptiser à tour de bras… Elle consiste surtout à devenir un autre Christ, un Christ pauvre, humble, qui lave les pieds de ses disciples et se donne en nourriture. La mission de l'Apôtre se fonde dans le

service et la modestie (l'humilité ?), dans la charité et la joie. Jésus appelle à le suivre en naissant à une vie nouvelle, celle « d'en haut » comme il disait à Nicodème (Jn 3, 1-21), celle de l'Esprit. Naître du souffle de l'Esprit est un choix à poser, un don à recevoir et un pardon à accueillir. Cette naissance suppose des compagnons de route, une familiarité avec les Écritures, le désir d'une réelle vie de prière.
Pour nous qui avançons dans le chemin de l'accueil de l'Évangile, ces recommandations de Jésus résonnent comme un puissant encouragement. Puisque donner à boire un simple verre d'eau fraîche au nom du Christ assure une grande récompense dans le ciel !

Quelle recommandation de Jésus résonne particulièrement aujourd'hui pour moi ?

À quelle mission le Christ me convie-t-il ? ■

Prions en Eglise Junior

LIRE L'ÉVANGILE AVEC LES ENFANTS

CE QUE JE DÉCOUVRE

Avant d'envoyer ses disciples en mission, Jésus les motive : l'amour de Dieu doit être leur priorité. C'est aussi la nôtre. **En accueillant dans notre vie le message de Jésus, notre cœur, naturellement, se tourne vers Dieu.** Ainsi, chaque personne que nous rencontrons pourra comprendre que nous agissons au nom du Seigneur. Nous devenons les ambassadeurs de Jésus. En offrant un simple verre d'eau fraîche à quelqu'un, tu lui feras découvrir que Dieu l'aime. **L'amour est contagieux, il se partage !**

CE QUE JE VIS

Dans l'évangile du jour, un verbe est répété cinq fois. Sauras-tu le retrouver ?

Pour toi, que veut dire « accueillir » : inviter ? souhaiter la bienvenue ? s'assurer que personne ne manque de rien ? partager ce qu'on a ?

Comment fais-tu pour accueillir Jésus dans ta vie ?

Textes : S. Pelloux-Prayer, P.-M. Leroy. Illustration : M. Truong

MÉDITATION BIBLIQUE

13E DIMANCHE DU TEMPS ORDINAIRE

Évangile selon saint Matthieu 10, 37-42

Sauveur et libérateur

Comment comprendre l'appel de Jésus à le suivre, lui, au risque de briser la structure familiale ? Et si, loin de faire exploser les liens familiaux, il les revisitait, au contraire ?

Le temps de la préparation

« L'amour du Seigneur,
sans fin je le chante ; ta fidélité,
je l'annonce d'âge en âge. »
(Ps 88, 1)

Le temps de l'observation

Les propos de Jésus peuvent sembler agressifs : « Celui qui aime son père ou sa mère plus que moi n'est pas digne de moi. » Les mêmes paroles sont ensuite prononcées envers les fils ou les filles. Doit-on comprendre que Dieu entre en concurrence avec notre vie quotidienne et, qu'à ce jeu, les relations familiales en sortent perdantes ? Malgré les apparences, il est peut-être justement question du contraire. Dieu n'est pas un personnage de plus dans l'existence. Il n'est pas une relation supplémentaire qui viendrait contrecarrer les autres. •••

... Dieu est la relation qui contient et donne sens à toutes les autres. Il n'est donc pas un père de plus auquel il faudrait se soumettre et obéir. Il n'est pas un fils, une fille ou une de nos créations dont nous devrions prendre soin. Jésus raconte que la question de Dieu est fondatrice de toutes les autres. Il cherche à éveiller ses disciples à une autre réalité.

Le temps de la méditation

L'enseignement de Jésus n'est pas agressif mais radical. Il n'essaie pas de séparer les enfants de leurs parents, il ne demande pas une relation exclusive dans la vie des personnes. Jésus ne donne pas naissance à un mouvement sectaire dont il serait le gourou. Il ne cherche pas une emprise telle que les personnes devraient s'extraire de leur réseau de relations pour vivre l'Évangile. Si son discours est radical, c'est qu'il se veut libérateur. Les relations de dépendance, les sentiment excessifs de dette envers les parents ou de mainmise sur les enfants peuvent constituer des obstructions à la vie vécue. Jésus invite chacun de ses disciples à entrer dans des relations vivantes et créatrices, y compris à l'intérieur des familles. C'est un appel pour chacun à avoir un lien personnel et unique à Dieu, une relation qui nourrit et enrichit les liens familiaux. La radicalité évangélique consiste à choisir la vie, non à la fuir.

Le temps de la prière

« Heureux le peuple qui connaît l'ovation ! Seigneur, il marche à la lumière de ta face. » (Ps 88, 16) ■

Marie-Laure Durand,
bibliste

LE SAINT DU MOIS

3 JUILLET : SAINT THOMAS (Ier SIÈCLE)

Le doute et la foi

© Gaëtan Évrard

Être « comme saint Thomas ». Cette expression proverbiale, qui insiste sur l'attitude de celui qui veut « voir pour croire », a eu le mérite d'assurer la place de cet apôtre attachant dans la culture populaire. Mais aussi le défaut de le caricaturer quelque peu et d'occulter d'autres aspects importants de sa personnalité. Choisi par Jésus dès le début de sa vie publique, Thomas-Didyme (deux mots signifiant « jumeau », l'un en araméen, l'autre en grec) est cité parmi les douze Apôtres dans les évangiles synoptiques. Mais c'est l'évangile de saint Jean qui nous aide à mieux le connaître. Thomas y apparaît d'abord comme un homme disponible et courageux : alors que Jésus s'apprête à •••

••• effectuer un déplacement dangereux à Béthanie auprès de son défunt ami Lazare, Thomas rétorque aux autres disciples inquiets : « Allons-y, nous aussi, pour mourir avec lui ! » (Jn 11, 16). Lors de la Cène, son caractère rationnel se manifeste lorsqu'il interroge Jésus : « Seigneur, nous ne savons pas où tu vas. Comment pourrions-nous connaître le chemin ? » Son humilité – il ose montrer qu'il ne comprend pas – lui apporte (et continue de nous apporter) une lumière précieuse, via la magnifique réponse de Jésus : « Je suis le Chemin, la Vérité et la Vie » (Jn 14, 5-6). C'est trois jours plus tard, le soir de Pâques, que débute le célèbre épisode de l'incrédulité. Saint Thomas ne veut pas croire que Jésus soit vraiment ressuscité, tant qu'il n'a pas vu les marques des clous dans ses mains et qu'il n'a pas mis la main dans son côté. Le disciple se montre moins soupçonneux que prudent. Une semaine passe. Jésus lui apparaît et, face à l'évidence de la Résurrection, saint Thomas s'exclame : « Mon Seigneur et mon Dieu ! » (Jn 20, 28). La foi ainsi fortifiée de saint Thomas le conduira à aller porter la Bonne Nouvelle au Moyen-Orient, puis jusqu'en Inde où il aurait trouvé le martyre vers l'an 72. ■

Xavier Lecœur, journaliste et historien

UN SAINT POUR AUJOURD'HUI

Parmi les douze Apôtres, saint Thomas est sans doute celui dont chaque chrétien peut se sentir le plus proche. Son exemple nous incite à rester toujours ouverts à la grâce de Dieu, qui saura nous faire avancer dans la foi, par-delà nos inévitables doutes et questionnements.

LUNDI 3 JUILLET 2023

COULEUR LITURGIQUE : ROUGE

Saint Thomas

Ier siècle. L'un des douze Apôtres. Devant l'annonce de la résurrection de Jésus, il se montra d'abord incrédule, puis exprima sa foi en disant : « Mon Seigneur et mon Dieu ! » (Jn 20, 28).

2-8

Antienne d'ouverture

Tu es mon Dieu, je te rends grâce, mon Dieu, je t'exalte !
Je te rends grâce, car tu es pour moi le salut.
(cf. Ps 117, 28.21)

Gloire à Dieu (p. 225)

Prière

Accorde-nous, Dieu tout-puissant, de célébrer avec fierté le bienheureux apôtre Thomas, afin que, toujours soutenus par sa protection, nous ayons la vie en mettant notre foi dans le nom de celui que l'apôtre a reconnu comme Seigneur : Jésus Christ, ton Fils. Lui qui… — ***Amen.***

Lectures propres à la fête de saint Thomas.

Lecture

de la lettre de saint Paul apôtre aux Éphésiens (2, 19-22)

« Intégrés dans la construction qui a pour fondations les Apôtres »

Frères, vous n'êtes plus des étrangers ni des gens de passage, vous êtes concitoyens des saints, vous êtes membres de la famille de Dieu, car vous avez été intégrés dans la construction qui a pour fondations

les Apôtres et les prophètes ; et la pierre angulaire, c'est le Christ Jésus lui-même. En lui, toute la construction s'élève harmonieusement pour devenir un temple saint dans le Seigneur. En lui, vous êtes, vous aussi, les éléments d'une même construction pour devenir une demeure de Dieu par l'Esprit Saint.
– Parole du Seigneur.

Psaume 116 (117)

℟ ***Allez dans le monde entier. Proclamez l'Évangile.***
OU ***Alléluia !***

Louez le Seigneur,
tous les peuples ;
fêtez-le, tous les pays ! ℟

Son amour envers nous
s'est montré le plus fort ;
éternelle est la fidélité du Seigneur ! ℟

Acclamation de l'Évangile

Alléluia. Alléluia. Thomas, parce que tu m'as vu, tu crois, dit le Seigneur. Heureux ceux qui croient sans avoir vu ! ***Alléluia.***

Évangile de Jésus Christ

selon saint Jean (20, 24-29)

« Mon Seigneur et mon Dieu ! »

L'un des Douze, Thomas, appelé Didyme (c'est-à-dire Jumeau), n'était pas avec eux quand Jésus était venu. Les autres disciples lui disaient : « Nous avons vu le Seigneur ! » Mais il leur déclara :

« Si je ne vois pas dans ses mains la marque des clous, si je ne mets pas mon doigt dans la marque des clous, si je ne mets pas la main dans son côté, non, je ne croirai pas ! »
Huit jours plus tard, les disciples se trouvaient de nouveau dans la maison, et Thomas était avec eux. Jésus vient, alors que les portes étaient verrouillées, et il était là au milieu d'eux. Il dit : « La paix soit avec vous ! » Puis il dit à Thomas : « Avance ton doigt ici, et vois mes mains ; avance ta main, et mets-la dans mon côté : cesse d'être incrédule, sois croyant. » Alors Thomas lui dit : « Mon Seigneur et mon Dieu ! » Jésus lui dit : « Parce que tu m'as vu, tu crois. Heureux ceux qui croient sans avoir vu. »

Prière sur les offrandes

En te rendant, Seigneur, l'hommage de notre service, nous t'adressons cette prière : entretiens en nous tes dons par le sacrifice de louange que nous t'offrons en ce jour où nous rappelons le témoignage du bienheureux apôtre Thomas. Par le Christ, notre Seigneur. – ***Amen.***

Préface des Apôtres, p. 232.

Antienne de la communion

Avance ta main,
touche du doigt l'endroit
des clous ; cesse d'être
incrédule, sois croyant.
(cf. Jn 20, 27)

Prière après la communion
Seigneur Dieu, dans ce sacrement, nous avons vraiment reçu le corps de ton Fils unique ; avec l'apôtre Thomas, nous reconnaissons dans la foi qu'il est notre Seigneur et notre Dieu : donne-nous de le proclamer par toute notre vie. Lui qui… ***— Amen.***

INVITATION

« Heureux ceux qui croient sans avoir vu. » J'ai sûrement des témoignages de foi autour de moi. Je peux demander au Seigneur de m'aider à m'en nourrir.

COMMENTAIRE

Le voir pour y croire

Jean 20, 24-29

Thomas est un témoin typique de ces personnes qui ne se contentent pas d'ouï-dire (cf. Jb 42, 5). Il cherche à ancrer sa foi dans une expérience personnelle : « Si je ne vois pas… » Son discours et son attitude le mettent à part de ses condisciples, dans une certaine solitude, puisqu'il ne partage pas leur foi. Mais ce passage, dû à son authenticité, débouche sur une rencontre d'exception qui le conduit à une confession de foi lestée d'adoration : « Mon Seigneur et mon Dieu ! » ■

Emmanuelle Billoteau, *ermite*

MARDI 4 JUILLET 2023

13E SEMAINE DU TEMPS ORDINAIRE COULEUR LITURGIQUE : VERT

Temps ordinaire, *suggestion d'oraisons et d'antiennes n° 12*
ou **sainte Élisabeth de Portugal**

Antienne d'ouverture

Le Seigneur est la force de son peuple,
le refuge et le salut de son messie. Sauve ton peuple,
Seigneur, bénis ton héritage, et conduis-le à jamais.
(cf. Ps 27, 8-9)

Prière

Fais-nous vivre à tout moment, Seigneur, dans l'amour et le respect de ton saint nom, toi qui ne cesses jamais de guider ceux que tu enracines solidement dans ta charité. Par Jésus… – ***Amen.***

Lecture

du livre de la Genèse (19, 15-29)

« Le Seigneur fit tomber sur Sodome et Gomorrhe une pluie de soufre et de feu »

En ces jours-là, les gens de Sodome avaient voulu s'en prendre aux deux voyageurs passant la nuit chez Loth. À l'aurore, les deux anges pressèrent Loth, en disant : « Debout ! Prends ta femme et tes deux filles qui se trouvent ici, et va-t'en, de peur que tu ne périsses à cause des crimes de cette ville. » Comme il s'attardait, ces hommes le saisirent par la main, ainsi que sa femme et ses deux filles, parce que le Seigneur

voulait l'épargner. Ils le firent sortir et le conduisirent hors de la ville. Une fois sortis, ils dirent : « Sauve-toi si tu tiens à la vie ! Ne regarde pas en arrière, ne t'arrête nulle part dans cette région, sauve-toi dans la montagne, si tu ne veux pas périr ! »
Loth leur dit : « Non, je vous en prie, mes seigneurs ! Votre serviteur a trouvé grâce à vos yeux, et vous m'avez fait une grande faveur en me laissant la vie. Mais je n'ai pas le temps de me sauver dans la montagne : le malheur va me rattraper et je mourrai. Voici une ville assez proche pour y fuir – elle est si petite ! – Permettez que je me sauve là-bas – elle est si petite* ! – afin de rester en vie ! » Ils lui répondirent : « Pour te faire plaisir cette fois encore, je ne détruirai pas la ville dont tu parles. Vite, sauve-toi là-bas, car je ne puis rien faire avant que tu y sois arrivé. » C'est pour cela qu'on a donné à cette ville le nom de Soar (ce qui veut dire : Petite).
Le soleil se levait sur le pays et Loth entrait à Soar, quand le Seigneur fit tomber du ciel sur Sodome et Gomorrhe une pluie de soufre et de feu venant du Seigneur. Dieu détruisit ces villes et toute la région, avec tous leurs habitants et la végétation. Or, la femme de Loth avait regardé en arrière, et elle était devenue une colonne de sel.
Abraham se leva de bon matin pour se rendre à l'endroit où il s'était tenu en présence du Seigneur, et il regarda du côté de Sodome, de Gomorrhe et de toute la région : il vit monter de la terre une fumée semblable à celle d'une fournaise !
Lorsque Dieu a détruit les villes de cette région, il s'est souvenu d'Abraham ; et il a fait échapper Loth au cataclysme qui a détruit les villes où il habitait. – Parole du Seigneur.

Psaume 25 (26)

℟ ***J'ai devant les yeux ton amour, Seigneur.***

Éprouve-moi, Seigneur, scrute-moi,
passe au feu mes reins et mon cœur.
J'ai devant les yeux ton amour,
je marche selon ta vérité. ℟

Ne m'inflige pas le sort des pécheurs,
le destin de ceux qui versent le sang :
ils ont dans les mains la corruption ;
leur droite est pleine de profits. ℟

Oui, j'ai marché sans faillir :
libère-moi ! prends pitié de moi !
Sous mes pieds le terrain est sûr ;
dans l'assemblée je bénirai le Seigneur. ℟

Acclamation de l'Évangile

Alléluia. Alléluia. J'espère le Seigneur, et j'attends sa parole. ***Alléluia.***

Évangile de Jésus Christ

selon saint Matthieu (8, 23-27)

« Jésus, debout, menaça les vents et la mer, et il se fit un grand calme »

En ce temps-là, comme Jésus montait dans la barque, ses disciples le suivirent. Et voici que la mer devint tellement agitée que la barque était recouverte par les vagues. Mais lui dormait. Les disciples s'approchèrent et le réveillèrent en disant : « Seigneur, sauve-nous ! Nous sommes perdus. » Mais il leur dit : « Pourquoi êtes-vous si craintifs, hommes de peu

de foi ? » Alors, Jésus, debout, menaça les vents et la mer, et il se fit un grand calme. Les gens furent saisis d'étonnement et disaient : « Quel est donc celui-ci, pour que même les vents et la mer lui obéissent ? »

Prière sur les offrandes

Accueille, Seigneur, le sacrifice de louange et de paix ; accorde-nous d'être purifiés par son action et de t'offrir un cœur qui te plaise. Par le Christ, notre Seigneur. **— *Amen.***

Antienne de la communion

Les yeux sur toi, tous, ils espèrent,
Seigneur : tu leur donnes
la nourriture au temps voulu.
(Ps 144, 15)
OU
Je suis le bon pasteur,
et je donne ma vie pour mes brebis,
dit le Seigneur.
(Jn 10, 11.15)

Prière après la communion

Nourris et renouvelés par le corps sacré et le sang précieux de ton Fils, nous implorons ta bonté, Seigneur : fais que, sûrs de la rédemption, nous possédions ce que nous aimons célébrer avec ferveur. Par le Christ, notre Seigneur. **— *Amen.***

INVITATION

Sainte Élisabeth de Portugal, fêtée aujourd'hui, a su apaiser les conflits entre son époux et leur fils. Face à des discordes, je peux demander son aide.

COMMENTAIRE

Le bateau ivre Matthieu 8, 23-27

Barque de l'Église, barque de notre cœur agité en tous sens, ce qui fait dire à saint Augustin : « On t'a insulté, c'est le vent qui te fouette. Tu t'es mis en colère, c'est le flot qui monte. La tentation surgit, c'est le vent qui souffle. Ton âme est troublée, ce sont les vagues qui montent… Réveille le Christ, laisse-le te parler » (Sermon 63). La confiance, qui n'est ni insouciance ni inconscience, ne se forge-t-elle pas dans la confrontation entre nos ressentis dans l'épreuve et la parole de Dieu ? ■

***Emmanuelle Billoteau**, ermite*

❊ CLÉ DE LECTURE

« Si petite » Genèse 19, 20 *(p. 38)*

Ce récit de la destruction de Sodome et Gomorrhe a d'abord pour but d'expliquer la forme géographique surprenante de la région désertique et salée. Il a surtout servi d'appui dans les traditions juives et chrétiennes à la stigmatisation de l'homosexualité qui aurait été pratiquée dans ces villes et aurait été punie par Dieu. Cela correspond probablement à un moment de l'écriture de ce texte, mais pourquoi ne pas tenir compte plutôt de l'autre aspect, qui est celui d'un dessein de salut pour la famille et la descendance d'Abraham ? Plus encore, un salut offert à tous ceux sur lesquels la bénédiction de Dieu vient à travers lui, selon sa prière et ici selon celle de Loth : sauver du désastre jusqu'au plus petit. Tel est le nom de la petite ville de Soar ! ■

***Roselyne Dupont-Roc**, bibliste*

MERCREDI 5 JUILLET 2023

13E SEMAINE DU TEMPS ORDINAIRE COULEUR LITURGIQUE : VERT

Temps ordinaire, *suggestion d'oraisons et d'antiennes n° 13*
ou **saint Antoine-Marie Zaccaria**

Antienne d'ouverture

Tous les peuples, battez des mains,
acclamez Dieu par vos cris de joie ! (Ps 46, 2)

Prière

Tu as voulu, Seigneur Dieu, que par la grâce de l'adoption filiale, nous devenions des enfants de lumière ; ne permets pas que nous soyons enveloppés des ténèbres de l'erreur, mais accorde-nous d'être toujours rayonnants dans la splendeur de ta vérité. Par Jésus… ***— Amen.***

Lecture

du livre de la Genèse (21, 5.8-20)

« Le fils de cette servante ne doit pas partager l'héritage de mon fils Isaac »

Abraham avait cent ans quand naquit son fils Isaac. L'enfant grandit, et il fut sevré. Abraham donna un grand festin le jour où Isaac fut sevré. Or, Sara regardait s'amuser Ismaël, ce fils qu'Abraham avait eu d'Agar l'Égyptienne. Elle dit à Abraham : « Chasse cette servante et son fils ; car le fils de cette servante ne doit pas partager l'héritage de mon fils Isaac. » Cette parole attrista beaucoup Abraham, à cause de son fils Ismaël, mais Dieu lui dit : « Ne sois pas triste à cause du garçon et de ta

servante ; écoute tout ce que Sara te dira, car c'est par Isaac qu'une descendance portera ton nom ; mais je ferai aussi une nation du fils de la servante, car lui aussi est de ta descendance. » Abraham se leva de bon matin, il prit du pain et une outre d'eau, il les posa sur l'épaule d'Agar, il lui remit l'enfant, puis il la renvoya. Elle partit et alla errer dans le désert de Bershéba. Quand l'eau de l'outre fut épuisée, elle laissa l'enfant sous un buisson, et alla s'asseoir non loin de là, à la distance d'une portée de flèche. Elle se disait : « Je ne veux pas voir mourir l'enfant ! » Elle s'assit non loin de là. Elle éleva la voix et pleura. Dieu entendit la voix du petit garçon ; et du ciel, l'ange de Dieu appela Agar : « Qu'as-tu, Agar ? Sois sans crainte, car Dieu a entendu la voix du petit garçon, sous le buisson où il était. Debout ! Prends le garçon et tiens-le par la main, car je ferai de lui une grande nation*. » Alors, Dieu ouvrit les yeux d'Agar, et elle aperçut un puits. Elle alla remplir l'outre et fit boire le garçon. Dieu fut avec lui, il grandit et habita au désert, et il devint un tireur à l'arc. – Parole du Seigneur.

Psaume 33 (34)

℟ ***Un pauvre crie ; le Seigneur entend.***

Un pauvre crie ; le Seigneur entend :
il le sauve de toutes ses angoisses.
L'ange du Seigneur campe alentour
pour libérer ceux qui le craignent. ℟

Saints du Seigneur, adorez-le :
rien ne manque à ceux qui le craignent.
Des riches ont tout perdu, ils ont faim ;
qui cherche le Seigneur ne manquera
d'aucun bien. ℟

Venez, mes fils, écoutez-moi,
que je vous enseigne la crainte du Seigneur.

Qui donc aime la vie
et désire les jours où il verra le bonheur ? ℟

Acclamation de l'Évangile

Alléluia. Alléluia. Le Père a voulu nous engendrer, par sa parole de vérité, pour faire de nous comme les prémices de ses créatures. ***Alléluia.***

Évangile de Jésus Christ

selon saint Matthieu (8, 28-34)

« Es-tu venu pour nous tourmenter avant le moment fixé ? »

En ce temps-là, comme Jésus arrivait sur l'autre rive, dans le pays des Gadaréniens, deux possédés sortirent d'entre les tombes à sa rencontre ; ils étaient si agressifs que personne ne pouvait passer par ce chemin. Et voilà qu'ils se mirent à crier : « Que nous veux-tu, Fils de Dieu ? Es-tu venu pour nous tourmenter avant le moment fixé ? »
Or, il y avait au loin un grand troupeau de porcs qui cherchait sa nourriture. Les démons suppliaient Jésus : « Si tu nous expulses, envoie-nous dans le troupeau de porcs. » Il leur répondit : « Allez. » Ils sortirent et ils s'en allèrent dans les porcs ; et voilà que, du haut de la falaise, tout le troupeau se précipita dans la mer, et les porcs moururent dans les flots.
Les gardiens prirent la fuite et s'en allèrent dans la ville annoncer tout cela, et en particulier ce qui était arrivé aux possédés. Et voilà que toute la ville sortit à la rencontre de Jésus ; et lorsqu'ils le virent, les gens le supplièrent de partir de leur territoire.

Prière sur les offrandes

Seigneur Dieu, dans ta bonté, tu donnes à tes mystères de produire leurs effets ; nous t'en prions : que notre liturgie soit accordée à la sainteté de ces dons. Par le Christ, notre Seigneur. – ***Amen.***

Antienne de la communion

Bénis le Seigneur, ô mon âme,
bénis son nom très saint,
tout mon être ! (Ps 102, 1)

OU

Père, je te prie pour eux :
qu'ils soient un en nous, eux aussi,
pour que le monde croie
que tu m'as envoyé, dit le Seigneur.
(cf. Jn 17, 20-21)

Prière après la communion

Nous t'en prions, Seigneur, donne-nous d'être vivifiés par le sacrifice divin que nous avons offert et reçu en communion ; ainsi, reliés à toi par une charité qui ne passera jamais, nous porterons un fruit qui demeure pour toujours. Par le Christ, notre Seigneur.
– ***Amen.***

INVITATION

« Je ne veux pas voir mourir l'enfant ! », se disait Agar, au désert.
Comment puis-je apporter ma contribution
à un organisme qui aide les personnes souffrant de famine ?

COMMENTAIRE

Celui qui dérange Matthieu 8, 28-34

« Les gens le supplièrent de partir de leur territoire », une région païenne. Objectivement, la présence du Christ a de quoi les déranger. « Dieu se lève et ses ennemis se dispersent » (Ps 67, 2) ; « Il regarde la terre, elle tremble » (Ps 103, 32). Autant dire qu'aucun passage de Dieu ne nous laisse comme avant, toute délivrance vient bouleverser les équilibres péniblement établis. Alors, implorons la force de l'Esprit pour ne pas nous fermer à la présence de Dieu, venu nous libérer de nos idoles. ■

***Emmanuelle Billoteau**, ermite*

❊ CLÉ DE LECTURE

« Une grande nation » Genèse 21, 18 *(p. 43)*

Par deux fois, la jalousie de Sara contraint Agar à fuir au désert (Gn 16, 6-7 ; 21, 14). Et par deux fois, le récit se concentre alors uniquement sur Agar. Celle-ci est d'abord bénéficiaire d'une première annonciation, puisque l'ange de Dieu lui annonce qu'elle enfantera un fils, et lui donnera le nom d'Ismaël (Gn 16, 11). Ici, Dieu entend le désespoir d'Agar et le cri du garçon, il vient la relever et s'engager envers elle par une promesse toute semblable à celle qu'a reçue Abraham : Dieu sera avec Ismaël et fera de lui une grande nation; il sera le père de peuples arabes. Ainsi, au cœur d'une jalousie meurtrière, Dieu assure à Abraham une double descendance. Isaac garde la primauté de la promesse, mais celle-ci n'est pas exclusive : Ismaël la partage. ■

***Roselyne Dupont-Roc**, bibliste*

JEUDI 6 JUILLET 2023

13E SEMAINE DU TEMPS ORDINAIRE COULEUR LITURGIQUE : VERT

Temps ordinaire, *suggestion d'oraisons et d'antiennes n° 14*
ou **sainte Maria Goretti**

2-8

Antienne d'ouverture

Dieu, nous accueillons ta miséricorde
au milieu de ton temple.
Ta louange, comme ton nom, Seigneur Dieu,
couvre l'étendue de la terre.
Ta main droite est pleine de justice.
(cf. Ps 47, 10-11)

Prière

Seigneur Dieu, par l'abaissement de ton Fils, tu as relevé le monde déchu ; donne à tes fidèles une joie sainte : tu les as tirés de l'esclavage du péché ; fais-leur connaître le bonheur éternel. Par Jésus… ***— Amen.***

Lecture

du livre de la Genèse (22, 1-19)

Le sacrifice de notre patriarche Abraham

En ces jours-là, Dieu mit Abraham à l'épreuve. Il lui dit : « Abraham ! » Celui-ci répondit : « Me voici ! » Dieu dit : « Prends ton fils, ton unique, celui que tu aimes, Isaac, va au pays de Moriah, et là tu l'offriras en holocauste sur la montagne que je t'indiquerai. »

Abraham se leva de bon matin, sella son âne, et prit avec lui deux de ses serviteurs et son fils Isaac. Il fendit le bois pour l'holocauste, et se mit en route vers l'endroit que Dieu lui avait indiqué. Le troisième jour, Abraham, levant les yeux, vit l'endroit de loin. Abraham dit à ses serviteurs : « Restez ici avec l'âne. Moi et le garçon, nous irons jusque là-bas pour adorer, puis nous reviendrons vers vous. »
Abraham prit le bois pour l'holocauste et le chargea sur son fils Isaac ; il prit le feu et le couteau, et tous deux s'en allèrent ensemble. Isaac dit à son père Abraham : « Mon père ! – Eh bien, mon fils ? » Isaac reprit : « Voilà le feu et le bois, mais où est l'agneau pour l'holocauste ? » Abraham répondit : « Dieu saura bien trouver l'agneau pour l'holocauste, mon fils. » Et ils s'en allaient tous les deux ensemble.
Ils arrivèrent à l'endroit que Dieu avait indiqué. Abraham y bâtit l'autel et disposa le bois ; puis il lia son fils Isaac et le mit sur l'autel, par-dessus le bois. Abraham étendit la main et saisit le couteau pour immoler son fils. Mais l'ange du Seigneur l'appela du haut du ciel et dit : « Abraham ! Abraham ! » Il répondit : « Me voici ! » L'ange lui dit : « Ne porte pas la main sur le garçon ! Ne lui fais aucun mal ! Je sais maintenant que tu crains Dieu : tu ne m'as pas refusé ton fils, ton unique. » Abraham leva les yeux et vit un bélier retenu par les cornes dans un buisson. Il alla prendre le bélier et l'offrit en holocauste à la place de son fils. Abraham donna à ce lieu le nom de « Le-Seigneur-voit ». On l'appelle aujourd'hui : « Sur-le-mont-le-Seigneur-est-vu. »
Du ciel, l'ange du Seigneur appela une seconde fois Abraham. Il déclara : « Je le jure par moi-même, oracle

du Seigneur : parce que tu as fait cela, parce que tu ne m'as pas refusé ton fils, ton unique, je te comblerai de bénédictions, je rendrai ta descendance aussi nombreuse que les étoiles du ciel et que le sable au bord de la mer, et ta descendance occupera les places fortes de ses ennemis. Puisque tu as écouté ma voix, toutes les nations de la terre s'adresseront l'une à l'autre la bénédiction par le nom de ta descendance. » Alors Abraham retourna auprès de ses serviteurs et ensemble ils se mirent en route pour Bershéba ; et Abraham y habita.
– Parole du Seigneur.

Psaume 114 (116A)

℟ *Je marcherai en présence du Seigneur sur la terre des vivants.*
OU ***Alléluia !***

J'aime le Seigneur :
il entend le cri de ma prière ;
il incline vers moi son oreille :
toute ma vie, je l'invoquerai. ℟

J'étais pris dans les filets de la mort,
retenu dans les liens de l'abîme,
j'éprouvais la tristesse et l'angoisse ;
j'ai invoqué le nom du Seigneur :
« Seigneur, je t'en prie, délivre-moi ! » ℟

Le Seigneur est justice et pitié,
notre Dieu est tendresse.
Le Seigneur défend les petits :
j'étais faible, il m'a sauvé. ℟

Il a sauvé mon âme de la mort,
gardé mes yeux des larmes
et mes pieds du faux pas.
Je marcherai en présence du Seigneur
sur la terre des vivants. ℟

Acclamation de l'Évangile

Alléluia. Alléluia. Dans le Christ, Dieu réconciliait le monde avec lui : il a mis dans notre bouche la parole de la réconciliation. ***Alléluia.***

Évangile de Jésus Christ

selon saint Matthieu (9, 1-8)

« Les foules rendirent gloire à Dieu qui a donné un tel pouvoir aux hommes »

En ce temps-là, Jésus monta en barque, refit la traversée, et alla dans sa ville de Capharnaüm. Et voici qu'on lui présenta un paralysé, couché sur une civière. Voyant leur foi, Jésus dit au paralysé : « Confiance, mon enfant, tes péchés sont pardonnés. » Et voici que certains parmi les scribes se disaient : « Celui-là blasphème. » Mais Jésus, connaissant leurs pensées, demanda : « Pourquoi avez-vous des pensées mauvaises ? En effet, qu'est-ce qui est le plus facile ? Dire : "Tes péchés sont pardonnés", ou bien dire : "Lève-toi et marche" ? Eh bien ! pour que vous sachiez que le Fils de l'homme a le pouvoir, sur la terre, de pardonner les péchés… – Jésus s'adressa alors au paralysé – lève-toi, prends ta civière, et rentre dans ta maison. » Il se leva et rentra dans sa maison. Voyant cela, les foules furent saisies de crainte, et rendirent gloire à Dieu qui a donné un tel pouvoir aux hommes.

Prière sur les offrandes

Puissions-nous être purifiés, Seigneur, par l'offrande consacrée à ton nom ; qu'elle nous conduise, de jour en jour, à vivre de la vie du ciel. Par le Christ, notre Seigneur. ***— Amen.***

Antienne de la communion

Goûtez et voyez : le Seigneur
est bon ! Heureux qui trouve
en lui son refuge ! (Ps 33, 9)

OU

Venez à moi, vous tous qui peinez
sous le poids du fardeau,
et moi, je vous procurerai le repos,
dit le Seigneur. (Mt 11, 28)

Prière après la communion

Comblés de si grands bienfaits, nous te supplions, Seigneur : fais que nous en retirions des fruits pour notre salut et que jamais nous ne cessions de chanter ta louange. Par le Christ, notre Seigneur. — ***Amen.***

INVITATION

Nous fêtons aujourd'hui sainte Maria Goretti. Je peux prier pour que plus aucun jeune, dont elle est la patronne, ne soit abusé.

COMMENTAIRE

Homme qui marche

Matthieu 9, 1-8

Le paralytique est l'image de tout croyant qui ne peut ni ne sait comment avancer, qui reste prisonnier des ratages de son passé, de son péché (la racine hébraïque connotant le fait de louper sa cible). Jésus s'attaque à la racine du mal en pardonnant d'abord puis en formulant une injonction. La Parole relève l'homme et le remet en mouvement. Une expérience à vivre qui est tout à la fois le don de Dieu, le fruit de notre collaboration et de celle de tous ceux qui nous portent dans la prière. ■

***Emmanuelle Billoteau**, ermite*

VENDREDI 7 JUILLET 2023

13ᴱ SEMAINE DU TEMPS ORDINAIRE COULEUR LITURGIQUE : VERT

Temps ordinaire, *suggestion d'oraisons et d'antiennes n° 15*

Antienne d'ouverture

Moi, par ta justice, je verrai ta face ; quand ta gloire se manifestera, je serai rassasié. (cf. Ps 16, 15)

Prière

Seigneur Dieu, tu montres aux égarés la lumière de ta vérité pour qu'ils puissent reprendre le bon chemin ; donne à tous ceux qui se déclarent chrétiens de rejeter ce qui est contraire à ce nom et de rechercher ce qui lui fait honneur. Par Jésus…

— Amen.

Lecture

du livre de la Genèse (23, 1-4.19 ; 24, 1-8.62-67)

« Isaac aima Rébecca et se consola de la mort de sa mère »

Sara vécut cent vingt-sept ans. Elle mourut à Kiriath-Arba, c'est-à-dire à Hébron, dans le pays de Canaan. Abraham s'y rendit pour le deuil et les lamentations. Puis il laissa le corps pour aller parler aux Hittites qui habitaient le pays : « Je ne suis qu'un immigré, un hôte, parmi vous ; accordez-moi d'acquérir chez vous une propriété funéraire où je pourrai enterrer cette morte. » Abraham ensevelit sa femme Sara dans la caverne du champ de Macpéla, qui est en face de Mambré, c'est-à-dire à Hébron, dans le

pays de Canaan. Abraham était vieux, avancé en âge, et le Seigneur l'avait béni en toute chose. Abraham dit au plus ancien serviteur de sa maison, l'intendant de tous ses biens : « Je te fais prêter serment par le Seigneur, Dieu du ciel et Dieu de la terre : tu ne prendras pas pour mon fils une épouse parmi les filles des Cananéens au milieu desquels j'habite. Mais tu iras dans mon pays, dans ma parenté, chercher une épouse pour mon fils Isaac. » Le serviteur lui demanda : « Et si cette femme ne consent pas à me suivre pour venir ici ? Devrai-je alors ramener ton fils dans le pays d'où tu es sorti ? » Abraham lui répondit : « Garde-toi d'y ramener mon fils ! Le Seigneur, le Dieu du ciel, lui qui m'a pris de la maison de mon père et du pays de ma parenté, m'a déclaré avec serment : "À ta descendance je donnerai le pays que voici." C'est lui qui enverra son ange devant toi, et tu prendras là-bas une épouse pour mon fils. Si cette femme ne consent pas à te suivre, tu seras dégagé du serment que je t'impose. Mais, en tout cas, tu n'y ramèneras pas mon fils. »

Un jour, Isaac s'en revenait du puits de Lahaï-Roï. Il habitait alors le Néguev. Il était sorti à la tombée du jour, pour se promener dans la campagne, lorsque, levant les yeux, il vit arriver des chameaux. Rébecca, levant les yeux elle aussi, vit Isaac. Elle sauta à bas de son chameau et dit au serviteur : « Quel est cet homme qui vient dans la campagne à notre rencontre ? » Le serviteur répondit : « C'est mon maître. » Alors elle prit son voile et s'en couvrit. Le serviteur raconta à Isaac tout ce qu'il avait fait. Isaac introduisit Rébecca dans la tente de sa mère Sara ; il l'épousa, elle devint sa femme, et il l'aima. Et Isaac se consola de la mort de sa mère.

– Parole du Seigneur.

Psaume 105 (106)

℟ ***Rendez grâce au Seigneur : Il est bon !***
OU ***Alléluia !***

Rendez grâce au Seigneur : Il est bon !
Éternel est son amour !
Qui dira les hauts faits du Seigneur,
qui célébrera ses louanges ? ℟

Heureux qui pratique la justice,
qui observe le droit en tout temps !

Souviens-toi de moi, Seigneur,
dans ta bienveillance pour ton peuple. ℟

Toi qui le sauves, visite-moi :
que je voie le bonheur de tes élus ;
que j'aie part à la joie de ton peuple,
à la fierté de ton héritage. ℟

Acclamation de l'Évangile

Alléluia. Alléluia. Venez à moi, vous tous qui peinez sous le poids du fardeau, dit le Seigneur, et moi, je vous procurerai le repos. ***Alléluia.***

Évangile de Jésus Christ

selon saint Matthieu (9, 9-13)

« Ce ne sont pas les gens bien portants qui ont besoin du médecin. Je veux la miséricorde, non le sacrifice »

En ce temps-là, Jésus vit, en passant, un homme, du nom de Matthieu, assis à son bureau de collecteur d'impôt. Il lui dit : « Suis-moi. » L'homme se leva et le suivit. Comme Jésus était à table à la maison, voici que beaucoup de publicains (c'est-à-dire des collecteurs d'impôts) et beaucoup de

pécheurs vinrent prendre place avec lui et ses disciples. Voyant cela, les pharisiens disaient à ses disciples : « Pourquoi votre maître mange-t-il avec les publicains et les pécheurs ? » Jésus, qui avait entendu, déclara : « Ce ne sont pas les gens bien portants qui ont besoin du médecin, mais les malades. Allez apprendre ce que signifie : *Je veux la miséricorde, non le sacrifice*. En effet, je ne suis pas venu appeler des justes, mais des pécheurs. »

Prière sur les offrandes

Regarde, Seigneur, les dons de l'Église qui te supplie : accorde à tes fidèles qui vont les recevoir la grâce d'une sainteté plus grande. Par le Christ, notre Seigneur. **— *Amen.***

Antienne de la communion

Le passereau lui-même s'est trouvé
une maison, et la tourterelle,
un nid pour abriter sa couvée :
tes autels, Seigneur de l'univers,
mon Roi et mon Dieu !
Heureux les habitants
de ta maison : ils te loueront
pour les siècles des siècles.
(cf. Ps 83, 4-5)

OU

Celui qui mange ma chair et boit
mon sang demeure en moi, et moi,
je demeure en lui, dit le Seigneur.
(Jn 6, 56)

Prière après la communion

Nous avons reçu tes bienfaits, Seigneur, et nous te supplions : chaque fois que nous célébrons ce mystère, fais grandir en nous ton œuvre de salut. Par le Christ, notre Seigneur. **— *Amen.***

INVITATION

« Suis-moi », dit Jésus à Matthieu. Et moi,
par quels petits actes, avec mes moyens, puis-je le suivre ?

COMMENTAIRE

Table ouverte Matthieu 9, 9-13

Jésus incarne ces paroles du livre de la Sagesse : « Tu as pitié de tous les hommes, parce que tu peux tout. Tu fermes les yeux sur leurs péchés, pour qu'ils se convertissent. Tu aimes en effet tout ce qui existe, tu n'as de répulsion envers aucune de tes œuvres » (Sg 11, 23-24). Et de fait, il partage le repas avec les publicains et les pécheurs, après avoir appelé l'un d'eux à le suivre. Une scène à contempler, des paroles à méditer, à intérioriser et à incarner au plus concret de notre existence. ■

Emmanuelle Billoteau, *ermite*

SAMEDI 8 JUILLET 2023

13E SEMAINE DU TEMPS ORDINAIRE COULEUR LITURGIQUE : VERT

Temps ordinaire, *suggestion d'oraisons et d'antiennes n° 16*
ou **bienheureuse Vierge Marie,** *voir p. 16*

Antienne d'ouverture

Voici que Dieu vient à mon aide,
le Seigneur est le soutien de mon âme.
De grand cœur, je t'offrirai le sacrifice,
je confesserai ton nom, car il est bon ! (cf. Ps 53, 6.8)

Prière

Sois favorable à tes fidèles, Seigneur, et, dans ta bonté, multiplie pour eux les dons de ta grâce, afin que, brûlant de charité, de foi et d'espérance, ils soient toujours vigilants pour garder tes commandements. Par Jésus… ***— Amen.***

Lecture

du livre de la Genèse (27, 1-5.15-29)

« Jacob a volé mon droit d'aînesse et ma bénédiction », déclare Ésaü

Isaac était devenu vieux, ses yeux avaient faibli et il n'y voyait plus. Il appela Ésaü, son fils aîné : « Mon fils ! » Celui-ci répondit : « Me voici. » Isaac reprit : « Tu vois : je suis devenu vieux, mais je ne sais pas le jour de ma mort. Prends donc maintenant tes armes, ton carquois et ton arc, sors dans la campagne et tue-moi du gibier. Prépare-moi un bon plat comme je les aime et apporte-le-moi pour que je mange, et que je te

bénisse avant de mourir. » Pendant qu'Isaac parlait ainsi à son fils Ésaü, Rébecca écoutait. Ésaü alla donc dans la campagne chasser du gibier pour son père.

Rébecca prit les meilleurs habits d'Ésaü, son fils aîné, ceux qu'elle gardait à la maison; elle en revêtit Jacob, son fils cadet. Puis, avec des peaux de chevreau, elle lui couvrit les mains et la partie lisse du cou. Elle remit ensuite entre ses mains le plat et le pain qu'elle avait préparés. Jacob entra chez son père et dit : « Mon père ! » Celui-ci répondit : « Me voici. Qui es-tu, mon fils ? » Jacob dit à son père : « Je suis Ésaü, ton premier-né; j'ai fait ce que tu m'as dit. Viens donc t'asseoir, mange de mon gibier; alors, tu pourras me bénir. » Isaac lui dit : « Comme tu as trouvé vite, mon fils ! » Jacob répondit : « C'est que le Seigneur, ton Dieu, a favorisé ma chasse. » Isaac lui dit : « Approche donc, mon fils, que je te palpe, pour savoir si tu es bien mon fils Ésaü ! » Jacob s'approcha de son père Isaac. Celui-ci le palpa et dit : « La voix est la voix de Jacob, mais les mains sont les mains d'Ésaü. » Il ne reconnut pas Jacob car ses mains étaient velues comme celles de son frère Ésaü, et il le bénit. Il dit encore : « C'est bien toi mon fils Ésaü ? » Jacob répondit : « C'est bien moi. » Isaac reprit : « Apporte-moi le gibier, mon fils, j'en mangerai, et alors je pourrai te bénir. » Jacob le servit, et il mangea. Jacob lui présenta du vin, et il but. Son père Isaac dit alors : « Approche-toi et embrasse-moi, mon fils. » Comme Jacob s'approchait et l'embrassait, Isaac respira l'odeur de ses vêtements, et il le bénit en disant : « Voici que l'odeur de mon fils est comme l'odeur d'un champ que le Seigneur a béni. Que Dieu te donne la rosée du ciel et une terre fertile, froment et vin

nouveau en abondance ! Que des peuples te servent, que des nations se prosternent devant toi. Sois un chef pour tes frères, que les fils de ta mère se prosternent devant toi. Maudit soit celui qui te maudira, béni soit celui qui te bénira ! »
– Parole du Seigneur.

Psaume 134 (135)

℟ ***Louez la bonté du Seigneur, célébrez la douceur de son nom.***
OU
Alléluia !

Louez le nom du Seigneur,
louez-le, serviteurs du Seigneur
qui veillez dans la maison du Seigneur,
dans les parvis de la maison
de notre Dieu. ℟

Louez la bonté du Seigneur,
célébrez la douceur de son nom.
C'est Jacob que le Seigneur a choisi,
Israël dont il a fait son bien. ℟

Je le sais, le Seigneur est grand :
notre Maître est plus grand
que tous les dieux.
Tout ce que veut le Seigneur, il le fait
au ciel et sur la terre, dans les mers
et jusqu'au fond des abîmes. ℟

Acclamation de l'Évangile

Alléluia. Alléluia. Mes brebis écoutent ma voix, dit le Seigneur ; moi, je les connais, et elles me suivent. ***Alléluia.***

Évangile de Jésus Christ
selon saint Matthieu (9, 14-17)

« Les invités de la noce pourraient-ils donc être en deuil pendant le temps où l'Époux est avec eux ? »

En ce temps-là, les disciples de Jean le Baptiste s'approchèrent de Jésus en disant : « Pourquoi, alors que nous et les pharisiens, nous jeûnons, tes disciples ne jeûnent-ils pas ? » Jésus leur répondit : « Les invités de la noce pourraient-ils donc être en deuil pendant le temps où l'Époux est avec eux ? Mais des jours viendront où l'Époux leur sera enlevé ; alors ils jeûneront. Et personne ne pose une pièce d'étoffe neuve sur un vieux vêtement, car le morceau ajouté tire sur le vêtement, et la déchirure s'agrandit. Et on ne met pas du vin nouveau dans de vieilles outres ; autrement, les outres éclatent, le vin se répand, et les outres sont perdues. Mais on met le vin nouveau dans des outres neuves, et le tout se conserve. »

Prière sur les offrandes
Seigneur Dieu, dans le sacrifice unique et parfait de ton Fils, tu as porté à leur achèvement les multiples sacrifices de l'ancienne Loi ; reçois maintenant le sacrifice offert par tes fidèles serviteurs et sanctifie-le comme tu as béni les présents d'Abel : que les dons offerts par chacun pour honorer ta gloire servent au salut de tous. Par le Christ, notre Seigneur. – ***Amen.***

Antienne de la communion

Le Seigneur est tendresse et pitié ;
de ses merveilles il a laissé
un mémorial. Il a donné des vivres
à ceux qui le craignent. (cf. Ps 110, 4-5)

OU

Voici que je me tiens à la porte,
et je frappe, dit le Seigneur.
Si quelqu'un entend ma voix
et ouvre la porte, j'entrerai chez lui ;
je prendrai mon repas avec lui,
et lui avec moi. (Ap 3, 20)

Prière après la communion

Dans ta bienveillance, reste auprès de ton peuple, nous t'en prions, Seigneur ; puisque tu l'as initié aux sacrements du ciel, fais-le passer de ce qui est ancien à la vie nouvelle. Par le Christ, notre Seigneur. — ***Amen.***

INVITATION

Les vacances sont là. Et si, cet été, je lisais l'évangile de Matthieu ?

COMMENTAIRE

Un époux attentionné

Matthieu 9, 14-17

Jésus se présente comme l'Époux, une image traditionnelle en Israël pour évoquer Dieu et l'Alliance scellée avec son peuple. Il suffit de relire le chapitre 54 du livre d'Isaïe, Osée ou le Cantique des Cantiques pour s'en persuader. Qui dit Époux dit rencontre (cf. Mt 25), toujours inattendue. Dieu ne se laisse pas enfermer dans des modalités décidées par les humains. Il ne cesse de nous surprendre, « ses tendresses ne s'épuisent pas ; elles se renouvellent chaque matin » (Lm 3, 22-23). Toutes choses qui fondent les appels à la vigilance. ■ ***Emmanuelle Billoteau**, ermite*

DIMANCHE 9 JUILLET 2023

14E DIMANCHE DU TEMPS ORDINAIRE

ANNÉE A - COULEUR LITURGIQUE : VERT

L'Esprit de Dieu habite en nous depuis notre baptême. Ouvrons notre cœur. À l'Esprit de joie pour louer le Père. À l'Esprit d'humilité et de confiance qui donne le repos à notre âme. À l'Esprit de charité qui fait de nous les disciples du Christ appelés à soulager tous ceux dont le fardeau est trop lourd. Oui, la bonté du Seigneur est pour tous !

RITES INITIAUX

Chant d'entrée *(Suggestions p. 255)*
OU
Antienne d'ouverture
Dieu, nous accueillons ta miséricorde au milieu de ton temple. Ta louange, comme ton nom, Seigneur Dieu, couvre l'étendue de la terre. Ta main droite est pleine de justice. (cf. Ps 47, 10-11)

Suggestion de préparation pénitentielle *(ou p. 223)*
Frères et sœurs, préparons-nous à célébrer l'eucharistie en demandant le pardon de nos péchés.

Seigneur Jésus, Fils de Dieu venu révéler aux hommes l'amour fidèle du Père, tu nous délivres du mal. Kyrie, eleison.
– Kyrie, eleison.
Ô Christ, mort pour nos péchés, ressuscité pour notre vie, tu accordes à tout homme la miséricorde du Père. Christe, eleison.
– Christe, eleison.
Seigneur, élevé dans la gloire du ciel où tu intercèdes pour nous, tu donnes aux tout-petits ton Esprit de consolation et de paix. Kyrie, eleison.
– Kyrie, eleison.

Que Dieu tout-puissant nous fasse miséricorde ; qu'il nous pardonne nos péchés et nous conduise à la vie éternelle. ***– Amen.***

Gloire à Dieu (p. 225)

Prière
Seigneur Dieu, par l'abaissement de ton Fils, tu as relevé le monde déchu ; donne à tes fidèles une joie sainte : tu les as tirés de l'esclavage du péché ; fais-leur connaître le bonheur éternel. Par Jésus…
— *Amen.*

LITURGIE DE LA PAROLE

Lecture du livre du prophète Zacharie (9, 9-10)

« Voici ton roi qui vient à toi : il est pauvre »

Ainsi parle le Seigneur : « Exulte de toutes tes forces, fille de Sion ! Pousse des cris de joie, fille de Jérusalem ! Voici ton roi qui vient à toi : il est juste et victorieux, pauvre et monté sur un âne, un ânon, le petit d'une ânesse.
« Ce roi fera disparaître d'Éphraïm les chars de guerre, et de Jérusalem les chevaux de combat ; il brisera l'arc de guerre, et il proclamera la paix aux nations. Sa domination s'étendra d'une mer à l'autre, et de l'Euphrate à l'autre bout du pays. »
– Parole du Seigneur.

Psaume 144 (145)

℟ ***Mon Dieu, mon Roi, je bénirai ton nom toujours et à jamais !***
OU ***Alléluia !***

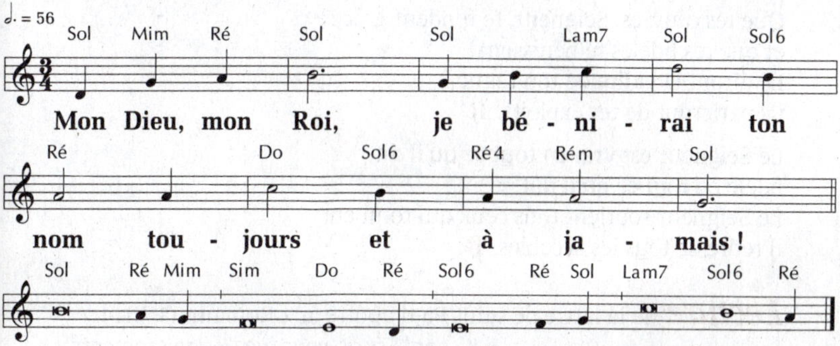

T. : AELF ; M. : J.-P. Hervy ; Éd. : ADF.

Je t'exalterai, mon Dieu, mon Roi,
je bénirai ton nom toujours et à jamais !
Chaque jour je te bénirai,
je louerai ton nom toujours et à jamais. ℟

Le Seigneur est tendresse et pitié,
lent à la colère et plein d'amour ;
la bonté du Seigneur est pour tous,
sa tendresse, pour toutes ses œuvres. ℟

Retrouvez ce psaume sur le CD "Les psaumes de l'année A"

9 - 15

℟ ***Mon Dieu, mon Roi, je bénirai ton nom toujours et à jamais !***
OU
Alléluia !

Que tes œuvres, Seigneur, te rendent grâce
et que tes fidèles te bénissent !
Ils diront la gloire de ton règne,
ils parleront de tes exploits. ℟

Le Seigneur est vrai en tout ce qu'il dit,
fidèle en tout ce qu'il fait.
Le Seigneur soutient tous ceux qui tombent,
il redresse tous les accablés. ℟

Lecture de la lettre de saint Paul apôtre aux Romains (8, 9.11-13)

« Si, par l'Esprit, vous tuez les agissements de l'homme pécheur, vous vivrez »

Frères, vous, vous n'êtes pas sous l'emprise de la chair, mais sous celle de l'Esprit, puisque l'Esprit de Dieu habite en vous. Celui qui n'a pas l'Esprit du Christ ne lui appartient pas. Mais si l'Esprit de celui qui a ressuscité Jésus d'entre les morts habite en vous, celui qui a ressuscité Jésus, le Christ, d'entre les morts donnera aussi la vie à vos corps mortels par son Esprit qui habite en vous. Ainsi donc, frères, nous avons une dette, mais elle n'est pas envers la chair pour devoir vivre selon la chair. Car si vous vivez selon la

chair, vous allez mourir; mais si, par l'Esprit, vous tuez les agissements de l'homme pécheur, vous vivrez.
– Parole du Seigneur.

Acclamation de l'Évangile

Alléluia. Alléluia. Tu es béni, Père, Seigneur du ciel et de la terre, tu as révélé aux tout-petits les mystères du Royaume ! ***Alléluia.***

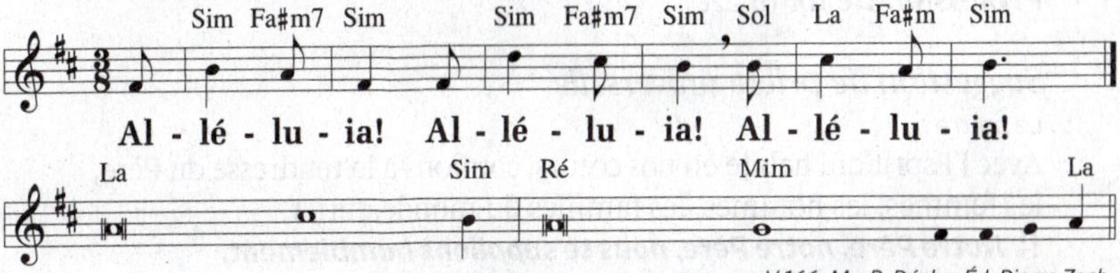

V 166; M. : P. Décha; Éd. Pierre Zech.

Évangile de Jésus Christ selon saint Matthieu (11, 25-30)

« Je suis doux et humble de cœur »

En ce temps-là, Jésus prit la parole et dit : « Père, Seigneur du ciel et de la terre, je proclame ta louange : ce que tu as caché aux sages et aux savants, tu l'as révélé aux tout-petits. Oui, Père, tu l'as voulu ainsi dans ta bienveillance. Tout m'a été remis par mon Père ; personne ne connaît le Fils, sinon le Père, et personne ne connaît le Père, sinon le Fils, et celui à qui le Fils veut le révéler. Venez à moi,

vous tous qui peinez sous le poids du fardeau, et moi, je vous procurerai le repos. Prenez sur vous mon joug, devenez mes disciples, car je suis doux et humble de cœur, et vous trouverez le repos pour votre âme. Oui, mon joug est facile à porter, et mon fardeau, léger. »

Homélie

Profession de foi *(p. 226)*

Suggestion de prière universelle

Le prêtre :

Avec l'Esprit qui habite en nos cœurs, confions à la tendresse du Père, les femmes, les hommes, les familles du monde entier.

℟ ***Notre Père, notre Père, nous te supplions humblement.***

B 4 Chalet; T. et M. : anonyme.

Le diacre ou un lecteur :

Pour que les catholiques mettent au centre de leur vie l'eucharistie qui transforme les relations humaines et ouvre à la rencontre, Dieu fidèle, avec toute l'Église, nous te prions. ℟

Pour que les dirigeants des nations veillent à un juste partage des richesses et au respect de la dignité des plus petits, Dieu d'amour, nous te prions. ℟

Pour que les personnes blessées par un traumatisme, une agression, une injustice trouvent réconfort et apaisement, Dieu de tendresse, nous te prions. ℟

Pour que les visiteurs des malades hospitalisés et les visiteurs des personnes incarcérées s'efforcent de transmettre le réconfort et la joie de l'Évangile, Dieu de vie, nous te prions. ℟

(Ces intentions seront adaptées ou modifiées selon les circonstances.)

Le prêtre :

À tes fidèles, à tous ceux qui espèrent, tends une main secourable, Seigneur. Dans ton amour, exauce nos supplications. Par le Christ, notre Seigneur. – ***Amen.***

LITURGIE EUCHARISTIQUE

Prière sur les offrandes

Puissions-nous être purifiés, Seigneur, par l'offrande consacrée à ton nom ; qu'elle nous conduise, de jour en jour, à vivre de la vie du ciel. Par le Christ, notre Seigneur. – ***Amen.***

Prière eucharistique

(Préface des dimanches, p. 229)

Chant de communion *(Suggestions p. 255)*
OU
Antienne de la communion
Goûtez et voyez : le Seigneur est bon !
Heureux qui trouve en lui
son refuge ! (Ps 33, 9)
OU
Venez à moi, vous tous qui peinez
sous le poids du fardeau,
et moi, je vous procurerai le repos,
dit le Seigneur. (Mt 11, 28)

Prière après la communion
Comblés de si grands bienfaits, nous te supplions, Seigneur : fais que nous en retirions des fruits pour notre salut et que jamais nous ne cessions de chanter ta louange. Par le Christ, notre Seigneur. – ***Amen.***

RITE DE CONCLUSION

Bénédiction

Envoi

COMMENTAIRE DU DIMANCHE

Jonathan Guilbault, directeur éditorial de *Prions en Église* Canada

Le règne sans la puissance

« Voici votre président, celui que vous attendiez : il est pauvre et faible. » On s'imagine mal se réjouir à l'écoute d'une telle annonce. On dirait plutôt une harangue sarcastique. Quel peuple désire être gouverné par une personne impuissante ? Pourtant, c'est la Bonne Nouvelle proclamée par Zacharie, puis reprise par Jésus. S'il nous paraît évident que l'on doit la comprendre sur le plan spirituel plutôt que sur le plan politique, c'était moins clair pour Israël. D'ailleurs, est-on si certain de bien saisir ce qui est en jeu ici ?

Typiquement, la figure du roi concentre en elle-même nos fantasmes de pouvoir, d'où sa récurrence dans les contes pour enfants. Nous souhaitons spontanément vivre une vie de roi. Ou, de nos jours, le quotidien imaginé de tel influenceur, de telle •••

••• vedette, de tel athlète. Jésus nous dit que ces désirs, parfois subtils, inavoués, nous font vivre dans l'illusion, et donc dans une déception continuelle. Avec une soif de bonheur, de force, de sécurité jamais étanchée. Sans compter que cette soif nous oblige souvent à devoir gagner une course contre notre prochain, au lieu de l'aimer.

Ainsi, que notre Seigneur soit pauvre et faible, voilà vraiment une bonne nouvelle ! Car son joug devient infiniment plus léger que celui imposé par les forts. Le seul combat qu'il nous reste à mener est celui nous opposant aux forces, en nous et hors de nous, qui nous rendent esclaves d'un désir qui ne mène nulle part : dominer, être tout-puissant, accaparer la place de Dieu.

De quelles personnes aimerais-je parfois vivre la vie ?
M'arrive-t-il de chercher à être comme Dieu tout-puissant au lieu d'être comme Jésus ? ■

PrionsenEglise junior

LIRE L'ÉVANGILE AVEC LES ENFANTS

CE QUE JE DÉCOUVRE

Parfois, beaucoup trop de soucis nous trottent dans la tête. Nous pouvons les confier à Jésus. Si nous lui faisons une place dans notre vie, **il nous guidera avec douceur.** Car lorsque nous lui confions nos difficultés, **nous trouvons la paix, notre vie devient plus légère. Nous apprenons à aimer avec un cœur simple.**

CE QUE JE VIS

Jésus dit : « Vous tous qui peinez sous le poids du fardeau. »

Qu'est-ce qui est un fardeau pour toi ?

« Je vous procurerai le repos », dit Jésus. Dessine ou écris les choses qui sont difficiles pour toi. Tu pourras ensuite les déposer aux pieds de Jésus.

Textes : S. Pelloux-Prayer, P. Metzger. Illustration : M. Truong

MÉDITATION BIBLIQUE

14E DIMANCHE DU TEMPS ORDINAIRE

Lettre de saint Paul aux Romains 8, 9.11-13

Vivre selon l'Esprit

Qui ne désire vivre dans la liberté et la joie de l'Esprit ? Dans le chapitre 8 de la lettre aux Romains, Paul nous donne un enseignement susceptible de faire croître ce désir.

Le temps de la préparation

« Le Seigneur est tendresse et pitié, lent à la colère et plein d'amour. » (Ps 144, 8)

Le temps de l'observation

Plusieurs oppositions structurent les versets de la deuxième lecture : entre la vie selon la chair et la vie selon l'Esprit, entre la vie et la mort. Peut-être est-il important de rappeler ce qu'est la « chair ». Ce mot revêt différentes connotations chez Paul. Ici, il est assorti d'une valence négative. « Chair » ne renvoie pas uniquement à la fragilité naturelle de toute créature humaine, mais au fait qu'elle est asservie à sa convoitise, à ses passions, à son égocentrisme, toutes choses conduisant à la mort. Or il se trouve que l'Esprit nous a été donné. Dès à présent, il habite en nous : tel est le fruit de la Pâque du Christ. Voilà qui nous ouvre à d'autres possibles qu'à cette fatalité qui consiste à nous conformer aux agissements de l'homme « pécheur ». Et ce don nous oblige, en ce sens qu'il appelle une réponse, un ajustement. Une « dette » que nous pouvons honorer grâce à l'Esprit, afin d'accéder à la vie. N'est-il pas du côté de l'incorruptibilité ?

Le temps de la méditation

Si le salut est déjà là, nous sommes encore en attente de son plein accomplissement. Et c'est justement l'Esprit qui nous « conduit » (cf. Ga 5, 16) de l'esclavage – lequel nous empêche de vivre en enfants de lumière – à la liberté des fils et filles de Dieu. Ce qui fait écho à la relecture de l'histoire d'Israël par Isaïe : Dieu a « conduit » son peuple de la terre de servitude à celle de la promesse (cf. Is 63, 14). Nous habitant, l'Esprit nous inspire la route à suivre, il nous purifie, nous transforme, nous renouvelle, nous dilate, lui qui est « amour […] répandu dans nos cœurs » (Rm 5, 5). Dans le contexte de l'épître aux Romains, la libération porte plus particulièrement sur un certain « légalisme » qui nous incite à vivre notre existence chrétienne à la force du poignet, en nous fondant sur nos bonnes œuvres pour être sauvés. Mais l'Esprit nous fait entrer dans une autre dynamique, celle de l'accueil de la grâce, qu'il nous appartient de désirer et à laquelle il nous reste à nous ouvrir sans compter.

Le temps de la prière

« Je t'exalterai, mon Dieu,
mon Roi, je bénirai
ton nom toujours et à jamais ! »
(Ps 144, 1) ■

Emmanuelle Billoteau, ermite

PARTAGE BIBLIQUE

Environ 45 minutes

Une bible ou Prions en Église, *page 66*

VOUS N'ÊTES PAS SOUS L'EMPRISE DE LA CHAIR (RM 8, 9.11-13)

Lire

Dans ce passage, Paul montre en quoi consiste notre adhésion au Christ. Suivons son raisonnement.

Comprendre le texte

Pour les justes par la foi, la vie est régulée par l'Esprit et non par le péché. En effet, la loi de Moïse, qui est celle de Dieu, était incapable de vaincre l'emprise du péché à cause de la faiblesse humaine. Mais Dieu a envoyé son propre Fils qui a pris une chair semblable à notre chair humaine de pécheurs pour vaincre le péché sur son propre terrain : il a condamné le péché par l'acte historique de la crucifixion d'un homme charnel. « Vous êtes sous l'emprise de l'Esprit, puisque l'Esprit de Dieu habite en vous. » L'Esprit est le signe de notre adhésion au Christ qui est plus que l'adhésion à son message. Aussi, bien que notre corps (c'est-à-dire notre personne, car la personne n'a pas un corps, elle est un corps) reste marqué par la mort, la présence du Christ en nous implique celle de son Esprit. De même que l'agir de l'Esprit en Christ l'a conduit à la Résurrection par la volonté du Père, de même la présence en nous de l'Esprit nous assure que le Père, qui a ressuscité Jésus, donnera aussi la vie à nos corps mortels par son Esprit. L'avenir promis est que le Père nous conformera à son Fils ressuscité, par son Esprit qui habite en nous !

Partager

- Que signifie pour moi « vivre selon la chair » et « vivre selon l'Esprit » ?
- Comment est-ce que je réagis face aux addictions qui me concernent ou qui touchent mes proches ?
- Qu'est-ce qui, en moi, résiste à faire la volonté de Dieu ?
- Ai-je le souci de faire le bien ?

Prier

Invoquons sur nous et nos proches le Souffle saint et chantons-le en reprenant le chant, page 256, *Souffle imprévisible* (KY28-44). ■

Sylvain Gasser, prêtre assomptionniste

LUNDI 10 JUILLET 2023

14E SEMAINE DU TEMPS ORDINAIRE COULEUR LITURGIQUE : VERT

Temps ordinaire, *suggestion d'oraisons et d'antiennes n° 17*

Antienne d'ouverture

Dieu se tient dans sa sainte demeure ;
Dieu fait habiter les siens unanimes dans sa maison :
c'est lui qui donne à son peuple force et puissance.
(cf. Ps 67, 6-7.36)

Prière

Tu protèges, Seigneur Dieu, ceux qui espèrent en toi ; sans toi, rien n'est fort et rien n'est saint : multiplie pour nous les signes de ta miséricorde, afin que, sous ta conduite et sous ta direction, en faisant un bon usage des biens qui passent, nous puissions déjà nous attacher à ceux qui demeurent. Par Jésus… ***— Amen.***

Lecture

du livre de la Genèse (28, 10-22a)

« Il eut un songe : une échelle était dressée, et des anges de Dieu montaient et descendaient. Le Seigneur dit... »

En ces jours-là, Jacob partit de Bershéba et se dirigea vers Harane. Il atteignit le lieu où il allait passer la nuit car le soleil s'était couché. Il y prit une pierre pour la mettre sous sa tête, et dormit en ce lieu. Il eut un songe : voici qu'une échelle était dressée sur la terre, son

sommet touchait le ciel, et des anges de Dieu montaient et descendaient. Le Seigneur se tenait près de lui. Il dit : « Je suis le Seigneur, le Dieu d'Abraham ton père, le Dieu d'Isaac. La terre sur laquelle tu es couché, je te la donne, à toi et à tes descendants. Tes descendants seront nombreux comme la poussière du sol, vous vous répandrez à l'orient et à l'occident, au nord et au midi ; en toi et en ta descendance seront bénies toutes les familles de la terre. Voici que je suis avec toi ; je te garderai partout où tu iras, et je te ramènerai sur cette terre ; car je ne t'abandonnerai pas avant d'avoir accompli ce que je t'ai dit. » Jacob sortit de son sommeil et déclara : « En vérité, le Seigneur est en ce lieu ! Et moi, je ne le savais pas. » Il fut saisi de crainte et il dit : « Que ce lieu est redoutable ! C'est vraiment la maison de Dieu, la porte du ciel ! » Jacob se leva de bon matin, il prit la pierre qu'il avait mise sous sa tête, il la dressa pour en faire une stèle, et sur le sommet il versa de l'huile. Jacob donna le nom de Béthel (c'est-à-dire : Maison de Dieu) à ce lieu qui auparavant s'appelait Louz. Alors Jacob prononça ce vœu : « Si Dieu est avec moi, s'il me garde sur le chemin où je marche, s'il me donne du pain pour manger et des vêtements pour me couvrir, et si je reviens sain et sauf à la maison de mon père, le Seigneur sera mon Dieu. Cette pierre dont j'ai fait une stèle sera la maison de Dieu. »
– Parole du Seigneur.

Psaume 90 (91)

℟ ***Mon Dieu, dont je suis sûr !***

Quand je me tiens sous l'abri du Très-Haut
et repose à l'ombre du Puissant,
je dis au Seigneur : « Mon refuge,
mon rempart, mon Dieu, dont je suis sûr ! » ℟

C'est lui qui te sauve des filets du chasseur ;
il te couvre et te protège.
Tu trouves sous son aile un refuge :
sa fidélité est une armure, un bouclier. ℟

« Puisqu'il s'attache à moi, je le délivre ;
je le défends, car il connaît mon nom.
Il m'appelle, et moi, je lui réponds ;
je suis avec lui dans son épreuve. » ℟

Acclamation de l'Évangile

Alléluia. Alléluia. Notre Sauveur, le Christ Jésus, a détruit la mort ; il a fait resplendir la vie par l'Évangile. ***Alléluia.***

Évangile de Jésus Christ

selon saint Matthieu (9, 18-26)

« Ma fille est morte à l'instant ; mais viens, et elle vivra »

En ce temps-là, tandis que Jésus parlait aux disciples de Jean le Baptiste, voilà qu'un notable s'approcha. Il se prosternait devant lui en disant : « Ma fille est morte à l'instant ; mais viens lui imposer la main, et elle vivra. » Jésus se leva et le suivit, ainsi que ses disciples.

Et voici qu'une femme souffrant d'hémorragies depuis douze ans s'approcha par derrière et toucha la frange de son vêtement. Car elle se

disait en elle-même : « Si je parviens seulement à toucher son vêtement, je serai sauvée. » Jésus se retourna et, la voyant, lui dit : « Confiance, ma fille ! Ta foi t'a sauvée. » Et, à l'heure même, la femme fut sauvée.
Jésus, arrivé à la maison du notable, vit les joueurs de flûte et la foule qui s'agitait bruyamment. Il dit alors : « Retirez-vous. La jeune fille n'est pas morte : elle dort. » Mais on se moquait de lui. Quand la foule fut mise dehors, il entra, lui saisit la main, et la jeune fille se leva. Et la nouvelle se répandit dans toute la région.

Prière sur les offrandes

Accueille, nous t'en prions, Seigneur, les dons prélevés pour toi sur tes propres largesses ; que ces mystères très saints, où ta grâce opère avec puissance, sanctifient notre vie de tous les jours et nous conduisent aux joies éternelles. Par le Christ, notre Seigneur. ***– Amen.***

Antienne de la communion

Bénis le Seigneur,
ô mon âme, n'oublie aucun
de ses bienfaits. (Ps 102, 2)
OU
Heureux les miséricordieux,
car ils obtiendront miséricorde.
Heureux les cœurs purs,
car ils verront Dieu. (Mt 5, 7-8)

Prière après la communion

Nous avons communié, Seigneur, au sacrement divin, mémorial à jamais de la passion de ton Fils ; nous t'en prions : fais servir à notre salut le don que lui-même nous a légué dans son amour inexprimable. Lui qui… ***– Amen.***

INVITATION

Comme le psalmiste, je peux dire au Seigneur :
« Mon refuge, mon rempart, mon Dieu, dont je suis sûr ! »

COMMENTAIRE

Le retournement

Matthieu 9, 18-26

Une première sollicitation – un notable dont la fille vient de mourir. Jésus y répond. Sur le chemin, une seconde sollicitation – une femme souffrant d'hémorragies. Jésus y répond à nouveau. Serait-il un surhomme que nous aurions à imiter en accédant à toutes les demandes qui nous sont faites ? Et s'il s'agissait, plus simplement, de savoir, comme lui, nous « retourner » de temps à autre pour être attentifs à ceux que le Seigneur a placés sur notre route ? ■

***Bertrand Lesoing,** prêtre de la communauté Saint-Martin*

MARDI 11 JUILLET 2023

COULEUR LITURGIQUE : BLANC

Saint Benoît

VIe siècle. Fondateur du monastère du Mont-Cassin, berceau de l'ordre des bénédictins, il est l'auteur d'une règle monastique qui connut une grande diffusion. Copatron de l'Europe.

Antienne d'ouverture

Il y eut un homme, vénérable par sa vie, Benoît, béni par la grâce et par son nom ; ayant quitté la maison et les biens de son père, désireux de plaire à Dieu seul, il rechercha une vie de sainteté.

Gloire à Dieu *(p. 225)*

Prière

Seigneur Dieu, tu as fait du bienheureux abbé Benoît un maître spirituel remarquable pour ceux qui se mettent à l'école de ton service ; accorde-nous de ne rien préférer à ton amour et de courir, le cœur dilaté, dans la voie de tes commandements. Par Jésus… ***— Amen.***

Lectures propres à la fête de saint Benoît.

Lecture

du livre des Proverbes (2, 1-9)

« Aie l'oreille attentive à la sagesse »

Mon fils, accueille mes paroles, conserve précieusement mes préceptes, l'oreille attentive à la sagesse, le cœur incliné vers la raison. Oui, si tu fais appel à l'intelligence, si tu invoques la raison,

si tu la recherches comme l'argent, si tu creuses comme un chercheur de trésor, alors tu comprendras la crainte du Seigneur, tu découvriras la connaissance de Dieu. Car c'est le Seigneur qui donne la sagesse ; connaissance et raison sortent de sa bouche. Il réserve aux hommes droits la réussite : pour qui marche dans l'intégrité, il est un bouclier, gardien des sentiers du droit, veillant sur le chemin de ses fidèles. Alors tu comprendras la justice, le jugement, la droiture, seuls sentiers qui mènent au bonheur.
– Parole du Seigneur.

Psaume 33 (34)

℟ ***Je bénirai le Seigneur en tout temps.***
OU ***Goûtez et voyez comme est bon le Seigneur.***

Je bénirai le Seigneur en tout temps,
sa louange sans cesse à mes lèvres.
Je me glorifierai dans le Seigneur :
que les pauvres m'entendent
et soient en fête ! ℟

Magnifiez avec moi le Seigneur,
exaltons tous ensemble son nom.
Je cherche le Seigneur, il me répond :
de toutes mes frayeurs, il me délivre. ℟

Qui regarde vers lui resplendira,
sans ombre ni trouble au visage.
Un pauvre crie ; le Seigneur entend :
il le sauve de toutes ses angoisses. ℟

L'ange du Seigneur campe alentour
pour libérer ceux qui le craignent.
Goûtez et voyez : le Seigneur est bon !
Heureux qui trouve en lui
son refuge ! ℟

Saints du Seigneur, adorez-le :
rien ne manque à ceux
qui le craignent.

Des riches ont tout perdu, ils ont faim ;
qui cherche le Seigneur
ne manquera d'aucun bien. ℟

Acclamation de l'Évangile

Alléluia. Alléluia. Heureux les pauvres de cœur, car le royaume des Cieux est à eux ! ***Alléluia.***

Évangile de Jésus Christ

selon saint Matthieu (19, 27-29)

« Vous qui m'avez suivi, vous recevrez le centuple »

En ce temps-là, Pierre prit la parole et dit à Jésus : « Voici que nous avons tout quitté pour te suivre : quelle sera donc notre part ? » Jésus leur déclara : « Amen, je vous le dis : lors du renouvellement du monde, lorsque le Fils de l'homme siégera sur son trône de gloire, vous qui m'avez suivi, vous siégerez vous aussi sur douze trônes pour juger les douze tribus d'Israël. Et celui qui aura quitté, à cause de mon nom, des maisons, des frères, des sœurs, un père, une mère, des enfants, ou une terre, recevra le centuple, et il aura en héritage la vie éternelle. »

Prière sur les offrandes

Seigneur, regarde avec bienveillance les offrandes que nous te présentons en célébrant le bienheureux Benoît : fais qu'à son exemple, en ne cherchant que toi, nous trouvions à ton service les dons de l'unité et de la paix. Par le Christ, notre Seigneur. — ***Amen.*** *Préface des saints, p. 232, ou des religieux, p. 233.*

Antienne de la communion

Voici le serviteur fidèle et avisé
que le maître a établi sur sa maison,
pour donner à chacun,
en temps voulu, sa part de blé.
(cf. Lc 12, 42)

Prière après la communion

Après avoir reçu le gage de la vie éternelle, nous te prions humblement, Seigneur ; puissions-nous suivre les enseignements du bienheureux Benoît : être fidèles à te servir dans la prière, aimer nos frères avec une ardente charité. Par le Christ, notre Seigneur. — ***Amen.***

INVITATION

Dans sa règle, saint Benoît prônait la modération et le renoncement à la possession. De quoi pourrais-je me passer afin de me recentrer sur la bonté, l'amour évangélique ou l'hospitalité ?

COMMENTAIRE

Notre part du trésor

Matthieu 19, 27-29

« Voici que nous avons tout quitté pour te suivre : quelle sera donc notre part ? » demande Pierre à Jésus. Et nous pourrions ajouter : avec tout ce que nous faisons pour nos proches, pour notre paroisse, nous méritons bien, nous aussi, un peu de reconnaissance ! Ta part, tu l'auras à la fin du monde, s'entend répondre Pierre. Ne tombons pas dans l'aigreur ou la déception lorsque nos engagements ne semblent pas récompensés ou appréciés à leur juste mesure, notre trésor se trouve dans les cieux ! ■

Bertrand Lesoing, *prêtre de la communauté Saint-Martin*

MERCREDI 12 JUILLET 2023

14E SEMAINE DU TEMPS ORDINAIRE COULEUR LITURGIQUE : VERT

Temps ordinaire, *suggestion d'oraisons et d'antiennes n° 18*

Antienne d'ouverture

Dieu, viens à mon aide, Seigneur, viens vite à mon secours.
Tu es mon secours, mon libérateur, Seigneur, ne tarde pas ! (cf. Ps 69, 2.6)

Prière

Sois proche, Seigneur, de ceux qui te servent et montre à ceux qui t'implorent ton éternelle bonté ; c'est leur fierté d'avoir en toi leur créateur et leur guide : restaure pour eux ta création, et l'ayant renouvelée, protège-la. Par Jésus…

— Amen.

9 - 15

Lecture

du livre de la Genèse (41, 55-57 ; 42, 5-7a.17-24a)

« Nous sommes coupables envers Joseph notre frère.
C'est pourquoi nous sommes dans une telle détresse »

En ces jours-là, tout le pays d'Égypte souffrit de la faim, et le peuple, à grands cris, réclama du pain à Pharaon. Mais Pharaon dit à tous les Égyptiens : « Allez trouver Joseph, et faites ce qu'il vous dira. » La famine s'étendait à tout le pays. Alors Joseph ouvrit toutes les réserves et vendit du blé aux Égyptiens, tandis que la famine s'aggravait encore dans le pays. De partout on vint en Égypte pour acheter du blé à Joseph, car la

famine s'aggravait partout. Les fils d'Israël, c'est-à-dire de Jacob, parmi beaucoup d'autres gens, vinrent donc pour acheter du blé, car la famine sévissait au pays de Canaan. C'était Joseph qui organisait la vente du blé pour tout le peuple du pays, car il avait pleins pouvoirs dans le pays.

En arrivant, les frères de Joseph se prosternèrent devant lui, face contre terre. Dès qu'il les vit, il les reconnut, mais il se comporta comme un étranger à leur égard et il leur parla avec dureté. Il les retint au poste de garde pendant trois jours. Le troisième jour, il leur dit : « Faites ce que je vais vous dire, et vous resterez en vie, car je crains Dieu. Si vous êtes de bonne foi, que l'un d'entre vous reste prisonnier au poste de garde. Vous autres, partez en emportant ce qu'il faut de blé pour éviter la famine à votre clan. Puis vous m'amènerez votre plus jeune frère : ainsi vos paroles seront vérifiées, et vous ne serez pas mis à mort. » Ils acceptèrent, et ils se disaient l'un à l'autre : « Hélas ! nous sommes coupables* envers Joseph notre frère : nous avons vu dans quelle détresse il se trouvait quand il nous suppliait, et nous ne l'avons pas écouté. C'est pourquoi nous sommes maintenant dans une telle détresse. » Roubène, alors, prit la parole : « Je vous l'avais bien dit : "Ne commettez pas ce crime contre notre jeune frère !" Mais vous ne m'avez pas écouté, et maintenant il faut répondre de son sang. » Comme il y avait un interprète, ils ne se rendaient pas compte que Joseph les comprenait. Alors Joseph se retira pour pleurer.

– Parole du Seigneur.

Psaume 32 (33)

℟ ***Que ton amour, Seigneur, soit sur nous comme notre espoir est en toi !***

Rendez grâce au Seigneur sur la cithare,
jouez pour lui sur la harpe à dix cordes.
Chantez-lui le cantique nouveau,
de tout votre art soutenez l'ovation. ℟

Le Seigneur a déjoué les plans des nations,
anéanti les projets des peuples.
Le plan du Seigneur demeure pour toujours,
les projets de son cœur subsistent
d'âge en âge. ℟

Dieu veille sur ceux qui le craignent,
qui mettent leur espoir en son amour,
pour les délivrer de la mort,
les garder en vie aux jours de famine. ℟

9 - 15

Acclamation de l'Évangile

Alléluia. Alléluia. Le règne de Dieu est tout proche. Convertissez-vous et croyez à l'Évangile. ***Alléluia.***

Évangile de Jésus Christ

selon saint Matthieu (10, 1-7)

« Allez plutôt vers les brebis perdues de la maison d'Israël »

En ce temps-là, Jésus appela ses douze disciples et leur donna le pouvoir d'expulser les esprits impurs et de guérir toute maladie et toute infirmité. Voici les noms des douze Apôtres : le premier, Simon, nommé Pierre ; André son frère ; Jacques, fils de Zébédée, et Jean son frère ; Philippe et Barthélemy ; Thomas et Matthieu le publicain ; Jacques, fils d'Alphée, et Thaddée ; Simon le Zélote et Judas l'Iscariote, celui-là même qui le livra.

Ces douze, Jésus les envoya en mission avec les instructions suivantes : « Ne prenez pas le chemin qui mène vers les nations païennes et n'entrez dans aucune ville des Samaritains. Allez plutôt vers les brebis perdues de la maison d'Israël. Sur votre route, proclamez que le royaume des Cieux est tout proche. »

Prière sur les offrandes

Dans ta bonté, sanctifie ces dons, nous t'en prions, Seigneur ; accepte le sacrifice spirituel que nous t'offrons, et fais de nous-mêmes une éternelle offrande pour toi. Par le Christ, notre Seigneur. — ***Amen.***

Antienne de la communion

Je suis le pain de la vie,
dit le Seigneur, celui qui vient à moi
n'aura jamais faim, celui qui croit
en moi n'aura jamais soif. (Jn 6, 35)
OU Tu nous as donné,
Seigneur, le pain venu du ciel,
pain aux multiples saveurs
qui comble tous les goûts. (Sg 16, 20)

Prière après la communion

Seigneur, entoure d'une constante protection ceux que tu as renouvelés par le don du ciel ; puisque tu ne cesses de les réconforter, rends-les dignes de la rédemption éternelle. Par le Christ, notre Seigneur. — ***Amen.***

INVITATION

Je décide d'un geste de sobriété dans ma consommation,
que j'offrirai au Seigneur.

COMMENTAIRE

Missions de proximité Matthieu 10, 1-7

« Ne prenez pas le chemin qui mène vers les nations païennes. » Quel paradoxe dans l'envoi en mission des disciples par Jésus ! Surtout, n'allez pas loin, n'allez pas vers les personnes éloignées, semble-t-il leur dire. Dans sa bouche, ces paroles ne sont pas synonymes de rejet. Elles résonnent plutôt comme un appel à tourner notre regard vers le frère, vers la sœur, si proches de nous et auxquels nous ne prêtons plus attention. La mission commence à nos portes ! ■

***Bertrand Lesoing,** prêtre de la communauté Saint-Martin*

❊ CLÉ DE LECTURE

« Nous sommes coupables » Genèse 42, 21 *(p. 88)*

Échappant de justesse à la mort, vendu comme esclave par ses frères, Joseph est devenu un très haut responsable en Égypte. Il gère avec sagesse une longue période de famine et reçoit ses frères venus de Canaan pour acheter du blé. Comment Joseph va-t-il se situer par rapport à ses frères qui ne l'ont pas reconnu ? Le récit nous fait suivre le long cheminement par lequel il conduit ses frères à prendre conscience de leur faute passée et de la souffrance qu'ils lui ont infligée. Peut-être cherche-t-il aussi à se donner à lui-même le temps d'un apaisement intérieur, d'une sérénité retrouvée. Déjà les frères reviennent sur le passé, se reconnaissent coupables, s'interrogent... Il faut du temps pour demander pardon, du temps aussi pour pardonner en vérité. ■

***Roselyne Dupont-Roc,** bibliste*

JEUDI 13 JUILLET 2023

14E SEMAINE DU TEMPS ORDINAIRE COULEUR LITURGIQUE : VERT

Temps ordinaire, *suggestion d'oraisons et d'antiennes n° 19*

ou **saint Henri**

Antienne d'ouverture

Regarde vers ton Alliance, Seigneur,
ne délaisse pas sans fin l'âme de tes pauvres.
Lève-toi, Seigneur, défends ta cause,
n'oublie pas le cri de ceux qui te cherchent.
(cf. Ps 73, 20.19.22.23)

Prière

Dieu éternel et tout-puissant, comme l'enseigne l'Esprit Saint, nous pouvons déjà t'appeler du nom de Père ; fais grandir en nos cœurs l'esprit d'adoption filiale, afin que nous soyons capables d'entrer un jour dans l'héritage qui nous est promis. Par Jésus… — ***Amen.***

Lecture

du livre de la Genèse (44, 18-21.23b-29 ; 45, 1-5)

« C'est pour vous conserver la vie que Dieu m'a envoyé en Égypte »

En ces jours-là, Juda et ses frères, les fils de Jacob, avaient été ramenés devant Joseph. Juda s'approcha de lui et dit : « De grâce, mon seigneur, permets que ton serviteur t'adresse une parole sans que la colère de mon seigneur s'enflamme contre ton serviteur, car tu es aussi grand

que Pharaon ! Mon seigneur avait demandé à ses serviteurs : "Avez-vous encore votre père ou un autre frère ?" Et nous avons répondu à mon seigneur : "Nous avons encore notre vieux père et un petit frère, l'enfant qu'il a eu dans sa vieillesse ; celui-ci avait un frère qui est mort, il reste donc le seul enfant de sa mère, et notre père l'aime !" Alors tu as dit à tes serviteurs : "Amenez-le-moi : je veux m'occuper de lui. Si votre plus jeune frère ne revient pas avec vous, vous ne serez plus admis en ma présence." Donc, lorsque nous sommes retournés auprès de notre père, ton serviteur, nous lui avons rapporté les paroles de mon seigneur. Et, lorsque notre père a dit : "Repartez pour nous acheter un peu de nourriture", nous lui avons répondu : "Nous ne pourrons pas repartir si notre plus jeune frère n'est pas avec nous, car nous ne pourrons pas être admis en présence de cet homme si notre plus jeune frère n'est pas avec nous." Alors notre père, ton serviteur, nous a dit : "Vous savez bien que ma femme Rachel ne m'a donné que deux fils. Le premier a disparu. Sûrement, une bête féroce l'aura mis en pièces, et je ne l'ai jamais revu. Si vous emmenez encore celui-ci loin de moi et qu'il lui arrive malheur, vous ferez descendre misérablement mes cheveux blancs au séjour des morts." »

Joseph ne put se contenir devant tous les gens de sa suite, et il s'écria : « Faites sortir tout le monde. » Quand il n'y eut plus personne auprès de lui, il se fit reconnaître de ses frères. Il pleura si fort que les Égyptiens l'entendirent, et même la maison de Pharaon. Il dit à ses frères : « Je suis Joseph ! Est-ce que mon père vit encore ? » Mais ses frères étaient incapables de lui répondre, tant ils étaient bouleversés de se trouver en face de lui. Alors Joseph dit à ses frères : « Approchez-vous de moi. » Ils s'approchèrent, et il leur dit : « Je suis Joseph, votre frère, que vous avez vendu pour qu'il soit emmené en Égypte. Mais maintenant ne vous affligez pas, et ne soyez pas tourmentés de m'avoir vendu, car c'est pour vous conserver la vie que Dieu m'a envoyé ici avant vous. » – Parole du Seigneur.

Psaume 104 (105)

℟ ***Souvenez-vous des merveilles que le Seigneur a faites.***
ou ***Alléluia !***

Dieu appela sur le pays la famine,
le privant de toute ressource.
Mais devant eux il envoya un homme,
Joseph, qui fut vendu comme esclave. ℟

On lui met aux pieds des entraves,
on lui passe des fers au cou ;
il souffrait pour la parole du Seigneur,
jusqu'au jour où s'accomplit
sa prédiction. ℟

Le roi ordonne qu'il soit relâché,
le maître des peuples, qu'il soit libéré.
Il fait de lui le chef de sa maison,
le maître de tous ses biens. ℟

Acclamation de l'Évangile

Alléluia. Alléluia. Le règne de Dieu est tout proche. Convertissez-vous et croyez à l'Évangile. ***Alléluia.***

Évangile de Jésus Christ

selon saint Matthieu (10, 7-15)

« Vous avez reçu gratuitement : donnez gratuitement »

En ce temps-là, Jésus disait à ses Apôtres : « Sur votre route, proclamez que le royaume des Cieux est tout proche. Guérissez les malades, ressuscitez les morts, purifiez les lépreux, expulsez les démons. Vous avez reçu gratuitement : donnez gratuitement. Ne vous procurez ni or, ni argent, ni monnaie de cuivre à mettre dans vos ceintures, ni sac pour la route, ni tunique de rechange, ni sandales, ni bâton. L'ouvrier, en effet, mérite sa nourriture. Dans chaque ville ou village où vous entrerez, informez-vous pour savoir qui est digne de vous accueillir, et restez là jusqu'à votre départ. En entrant dans la maison, saluez ceux qui l'habitent. Si cette maison en est digne, que votre paix vienne sur elle. Si elle n'en est pas digne, que votre paix retourne vers vous. Si l'on ne vous accueille pas et si l'on n'écoute pas vos paroles, sortez de cette maison ou de cette ville, et secouez la poussière de vos pieds. Amen, je vous le dis : au jour du Jugement, le pays de Sodome et de Gomorrhe sera traité moins sévèrement que cette ville. »

Prière sur les offrandes

Accueille favorablement, Seigneur, ces présents que, dans ta miséricorde, tu as donnés à ton Église pour qu'elle puisse te les offrir ; fais qu'ils deviennent, par ta puissance, le sacrement de notre salut. Par le Christ, notre Seigneur. — ***Amen.***

Antienne de la communion

Glorifie le Seigneur, Jérusalem :
de la fleur du froment,
il te rassasie. (cf. Ps 147, 12.14)
OU
Le pain que je donnerai,
c'est ma chair, donnée pour la vie
du monde, dit le Seigneur. (Jn 6, 51)

Prière après la communion

Que cette communion à ton sacrement, Seigneur, nous procure le salut et qu'elle nous affermisse dans la lumière de ta vérité. Par le Christ, notre Seigneur. — ***Amen.***

INVITATION

Aujourd'hui, je pourrais entreprendre la lecture de l'exhortation apostolique *Evangelii gaudium (La joie de l'Évangile)*, du pape François.

COMMENTAIRE

Folie douce

Matthieu 10, 7-15

Lorsqu'il envoie ses proches sur les routes du monde, Jésus ne les invite pas à la prudence, c'est le moins que l'on puisse dire : « Ne vous procurez ni or, ni argent, […] ni sac pour la route, ni tunique de rechange, ni sandales, ni bâton. » Une telle attitude peut nous paraître insensée et, par bien des aspects, elle l'est. Elle peut aussi nous stimuler pour mettre dans nos vies ce petit grain de folie sans lequel l'Évangile perd de sa saveur ! ■

***Bertrand Lesoing,** prêtre de la communauté Saint-Martin*

VENDREDI 14 JUILLET 2023

14e SEMAINE DU TEMPS ORDINAIRE COULEUR LITURGIQUE : VERT

Temps ordinaire, *suggestion d'oraisons et d'antiennes n° 20*
ou **saint Camille de Lellis**

9 - 15

Antienne d'ouverture

Dieu, notre protecteur, regarde :
vois le visage de ton Christ ;
un jour dans tes parvis en vaut plus que mille.
(cf. Ps 83, 10-11)

Prière

Pour ceux qui t'aiment, Seigneur Dieu, tu as préparé des biens que l'œil ne peut voir : répands en nos cœurs la ferveur de ta charité, afin que t'aimant en toute chose et par-dessus tout, nous obtenions de toi l'héritage promis qui surpasse tout désir. Par Jésus… ***— Amen.***

Lecture

du livre de la Genèse (46, 1-7.28-30)

« Maintenant que j'ai revu ton visage, je peux mourir »

En ces jours-là, Israël, c'est-à-dire Jacob, se mit en route pour l'Égypte avec tout ce qui lui appartenait. Arrivé à Bershéba, il offrit des sacrifices au Dieu de son père Isaac, et Dieu parla à Israël dans une vision nocturne. Il dit : « Jacob ! Jacob ! » Il répondit : « Me voici. » Dieu reprit : « Je suis Dieu, le Dieu de ton père. Ne crains pas de descendre en Égypte,

car là-bas je ferai de toi une grande nation. Moi, je descendrai avec toi en Égypte. Moi-même, je t'en ferai aussi remonter, et Joseph te fermera les yeux de sa propre main. » Jacob partit de Bershéba. Ses fils l'installèrent, avec leurs jeunes enfants et leurs femmes, sur les chariots que Pharaon avait envoyés pour le transporter. Ils prirent aussi leurs troupeaux et les biens qu'ils avaient acquis au pays de Canaan. Jacob arriva en Égypte avec toute sa descendance. Ainsi donc, ses fils et ses petits-fils, ses filles et ses petites-filles, bref toute sa descendance, il les emmena avec lui en Égypte. Jacob avait envoyé Juda en avant vers Joseph, pour préparer son arrivée dans le pays de Goshèn. Quand ils furent arrivés dans le pays de Goshèn, Joseph fit atteler son char et monta à la rencontre de son père Israël. Dès qu'il le vit, il se jeta à son cou et pleura longuement dans ses bras. Israël dit à Joseph : « Maintenant que j'ai revu ton visage, je peux mourir, puisque tu es encore vivant ! » – Parole du Seigneur.

Psaume 36 (37)

℟ ***Le salut des justes vient du Seigneur.***

Fais confiance au Seigneur, agis bien,
habite la terre et reste fidèle ;
mets ta joie dans le Seigneur :
il comblera les désirs de ton cœur. ℟

Il connaît les jours de l'homme intègre
qui recevra un héritage impérissable.
Pas de honte pour lui aux mauvais jours ;
aux temps de famine, il sera rassasié. ℟

Évite le mal, fais ce qui est bien,
et tu auras une habitation pour toujours,
car le Seigneur aime le bon droit,
il n'abandonne pas ses amis. ℟

Le Seigneur est le salut pour les justes,
leur abri au temps de la détresse.
Le Seigneur les aide et les délivre ;
il les délivre de l'impie, il les sauve,
car ils cherchent en lui leur refuge. ℟

Acclamation de l'Évangile

Alléluia. Alléluia. Quand il viendra, lui, l'Esprit de vérité, il vous conduira dans la vérité tout entière et il vous fera souvenir de tout ce que je vous ai dit. ***Alléluia.***

Évangile de Jésus Christ

selon saint Matthieu (10, 16-23)

« Ce n'est pas vous qui parlerez, c'est l'Esprit de votre Père »

En ce temps-là, Jésus disait à ses Apôtres : « Voici que moi, je vous envoie comme des brebis au milieu des loups. Soyez donc prudents comme les serpents, et candides comme les colombes. Méfiez-vous des hommes : ils vous livreront aux tribunaux et vous flagelleront dans leurs synagogues. Vous serez conduits devant des gouverneurs et des rois à cause de moi : il y aura là un témoignage pour eux et pour les païens*. Quand on vous livrera, ne vous inquiétez pas de savoir ce que vous direz ni comment vous le direz : ce que vous aurez à dire vous sera donné à cette heure-là. Car ce n'est pas vous qui parlerez, c'est l'Esprit de votre Père qui parlera en vous. Le frère livrera son frère à la mort, et le père, son enfant ; les enfants se dresseront contre leurs parents et les feront mettre à mort.

Vous serez détestés de tous à cause de mon nom ; mais celui qui aura persévéré jusqu'à la fin, celui-là sera sauvé. Quand on vous persécutera dans une ville, fuyez dans une autre. Amen, je vous le dis : vous n'aurez pas fini de passer dans toutes les villes d'Israël quand le Fils de l'homme viendra. »

Prière sur les offrandes

Accueille, Seigneur, ce que nous présentons pour cette eucharistie où s'accomplit un admirable échange : en offrant ce que tu nous as donné, puissions-nous te recevoir toi-même. Par le Christ, notre Seigneur. — ***Amen.***

Antienne de la communion

Oui, près du Seigneur
est la miséricorde ; près de lui
abonde le rachat. (cf. Ps 129, 7)
OU
Je suis le pain vivant, qui est
descendu du ciel, dit le Seigneur ;
si quelqu'un mange de ce pain,
il vivra éternellement. (Jn 6, 51)

Prière après la communion

Par ces sacrements, Seigneur, tu nous as unis au Christ, et nous implorons humblement ta bonté : sur la terre, transforme-nous à son image, pour que nous puissions partager sa vie dans le ciel. Lui qui… — ***Amen.***

INVITATION

Saint Camille de Lellis, fêté ce jour, s'était engagé comme infirmier. Je pourrais devenir visiteur bénévole à l'hôpital dans une association ou une aumônerie.

COMMENTAIRE

La meilleure défense

Matthieu 10, 16-23

Face aux persécutions ou à l'hostilité, que nous demande Jésus ? L'héroïsme du martyr, la force d'affronter l'adversité ? Tout au contraire, il nous encourage à prendre la fuite : « Quand on vous persécutera dans une ville, fuyez dans une autre. » Nul besoin, donc, d'aller au-devant des conflits ou des difficultés. Un peu de sagesse, de pragmatisme et d'intelligence des situations permet souvent d'aplanir bien des obstacles. ■

Bertrand Lesoing*, prêtre de la communauté Saint-Martin*

✲ CLÉ DE LECTURE

« Et pour les païens »

Matthieu 10, 18 *(p. 99)*

Ces paroles se situent à un moment de forte tension entre le jeune christianisme et le judaïsme rabbinique qui se redéfinit après la ruine de Jérusalem en 70. Les chrétiens, entre autres, apparaissent comme un danger et sont souvent menacés ou dénoncés aux autorités civiles. Et pourtant, la communauté de Matthieu garde en mémoire les paroles de Jésus qui s'adressait d'abord « aux brebis perdues de la maison d'Israël » (Mt 15, 24), et se donnait pour priorité de « passer dans toutes les villes d'Israël ». Ainsi ces chrétiens cherchent-ils leur voie dans un environnement hostile, sans renoncer à témoigner de leur foi. Ils comprennent qu'il faut aussi dépasser les frontières d'Israël et affronter plus largement le monde païen, vers lequel Jésus ne pouvait qu'avancer. ■

Roselyne Dupont-Roc*, bibliste*

SAMEDI 15 JUILLET 2023

14E SEMAINE DU TEMPS ORDINAIRE COULEUR LITURGIQUE : BLANC

Saint Bonaventure

1221-1274. En 1257, cet éminent théologien devint le septième ministre général de l'ordre des Frères mineurs qu'il dirigea avec sagesse. Docteur de l'Église.

Antienne d'ouverture

Voici l'intendant fidèle et avisé que le maître
a établi sur sa maison, pour donner à chacun,
en temps voulu, sa part de blé. (cf. Lc 12, 42)

OU

Je m'occuperai de mes brebis, je veillerai sur elles,
dit le Seigneur, je susciterai à leur tête un seul berger.
Moi, le Seigneur, je serai leur Dieu. (cf. Ez 34, 11.23-24)

Prière

Accorde-nous, Dieu tout-puissant, tandis que nous célébrons la naissance au ciel de l'évêque saint Bonaventure, de mettre à profit les richesses de son enseignement, et de prendre toujours exemple sur sa brûlante charité. Par Jésus… ***— Amen.***

Lecture

du livre de la Genèse (49, 29-33 ; 50, 15-26a)

« Dieu vous visitera et vous fera remonter de ce pays »

En ces jours-là, Jacob donna cet ordre à ses fils : « Je vais être réuni aux miens. Enterrez-moi auprès de mes pères, dans la caverne qui est dans le champ d'Éphrone le Hittite, dans la caverne du champ de Macpéla, en face de Mambré, au pays de Canaan, le champ qu'Abraham a acheté à Éphrone le Hittite comme propriété funéraire. C'est là que furent enterrés Abraham et son épouse Sara ; c'est là que furent enterrés Isaac et son épouse Rébecca ; c'est là que j'ai enterré Léa. C'est le champ qui fut acheté aux Hittites, avec la caverne qui s'y trouve. » Lorsque Jacob eut achevé de donner ses instructions à ses fils, il s'allongea sur son lit, il expira et fut réuni aux siens.

Voyant que leur père était mort, les frères de Joseph se dirent : « Si jamais Joseph nous prenait en haine, s'il allait nous rendre tout le mal que nous lui avons fait… » Ils firent dire à Joseph : « Avant de mourir, ton père a exprimé cette volonté : "Vous demanderez ceci à Joseph : De grâce, pardonne à tes frères leur crime et leur péché. Oui, ils t'ont fait du mal, mais toi, maintenant, pardonne donc le crime des serviteurs du Dieu de ton père !" » En entendant ce message, Joseph pleura. Puis ses frères vinrent eux-mêmes se jeter à ses pieds et lui dire : « Voici que nous sommes tes esclaves. » Mais Joseph leur répondit : « Soyez sans crainte ! Vais-je prendre la place de Dieu ? Vous aviez voulu me faire du mal, Dieu a voulu le changer en bien*, afin d'accomplir ce qui se réalise aujourd'hui : préserver la vie d'un peuple nombreux. Soyez donc sans crainte : moi, je prendrai soin de vous et de vos jeunes enfants. » Il les réconforta par des paroles qui leur allaient au cœur.

Joseph demeura en Égypte avec la famille de son père, et il vécut cent dix ans. Il vit les petits-enfants de son fils Éphraïm ; quant aux enfants de Makir, fils de Manassé son autre fils, il les reçut sur ses genoux à leur naissance. Joseph dit à ses frères : « Je vais mourir. Dieu vous visitera et vous fera remonter de ce pays dans le pays qu'il a fait serment de donner à Abraham, Isaac et Jacob. » Joseph fit prêter serment aux fils d'Israël, en disant : « Quand Dieu vous visitera, vous ferez monter d'ici mes ossements. » Et Joseph mourut à cent dix ans. – Parole du Seigneur.

Psaume 104 (105)

℟ ***Cherchez Dieu, vous les humbles, et votre cœur vivra.***

Rendez grâce au Seigneur, proclamez son nom,
annoncez parmi les peuples ses hauts faits ;
chantez et jouez pour lui,
redites sans fin ses merveilles. ℟

Glorifiez-vous de son nom très saint :
joie pour les cœurs qui cherchent Dieu !
Cherchez le Seigneur et sa puissance,
recherchez sans trêve sa face. ℟

Vous, la race d'Abraham son serviteur,
les fils de Jacob, qu'il a choisis.
Le Seigneur, c'est lui notre Dieu :
ses jugements font loi
pour l'univers. ℟

Acclamation de l'Évangile

Alléluia. Alléluia. Si l'on vous insulte pour le nom du Christ, heureux êtes-vous : l'Esprit de Dieu repose sur vous. ***Alléluia.***

Évangile de Jésus Christ

selon saint Matthieu (10, 24-33)

« Ne craignez pas ceux qui tuent le corps »

En ce temps-là, Jésus disait à ses Apôtres : « Le disciple n'est pas au-dessus de son maître, ni le serviteur au-dessus de son seigneur. Il suffit que le disciple soit comme son maître, et le serviteur, comme son seigneur. Si les gens ont traité de Béelzéboul le maître de maison, ce sera bien pire pour ceux de sa maison. Ne craignez donc pas ces gens-là ; rien n'est voilé qui ne sera dévoilé, rien n'est caché qui ne sera connu. Ce que je vous dis dans les ténèbres, dites-le en pleine lumière ; ce que vous entendez au creux de l'oreille, proclamez-le sur les toits. Ne craignez pas ceux qui tuent le corps sans pouvoir tuer l'âme ; craignez plutôt celui qui peut faire périr dans la géhenne l'âme aussi bien que le corps. Deux moineaux ne sont-ils pas vendus pour un sou ? Or, pas un seul ne tombe à terre sans que votre Père le veuille. Quant à vous, même les cheveux de votre tête sont tous comptés. Soyez donc sans crainte : vous valez bien plus qu'une multitude de moineaux. Quiconque se déclarera pour moi devant les hommes, moi aussi je me déclarerai pour lui devant mon Père qui est aux cieux. Mais celui qui me reniera devant les hommes, moi aussi je le renierai devant mon Père qui est aux cieux. »

Prière sur les offrandes

En cette fête de saint Bonaventure, Seigneur, nous t'en prions, regarde avec bonté les offrandes que nous déposons sur l'autel qui t'est consacré ; en nous procurant ton pardon, qu'elles servent à la gloire de ton nom. Par le Christ, notre Seigneur. **— *Amen.***

Antienne de la communion

Heureux ce serviteur que le maître,
quand il arrivera et frappera
à la porte, trouvera en train de veiller.
(cf. Lc 12, 36-37)

OU

Ce n'est pas vous qui m'avez choisi,
dit le Seigneur, c'est moi
qui vous ai choisis et établis, afin
que vous alliez, que vous portiez
du fruit, et que votre fruit demeure.
(cf. Jn 15, 16)

Prière après la communion

Déjà rénovés par ces mystères très saints, nous te supplions humblement, Seigneur : puissions-nous, en prenant exemple sur saint Bonaventure, professer ce qu'il a cru et pratiquer ce qu'il a enseigné. Par le Christ, notre Seigneur. **— *Amen.***

INVITATION

« Soyez donc sans crainte », dit Jésus aux Douze. Et moi,
est-ce que j'ose témoigner de ma foi et laisser parler mon cœur ?

COMMENTAIRE

Trésor de la foi Matthieu 10, 24-33

Nous cherchons à nous mettre à l'écoute de la parole de Dieu et nous n'entendons bien souvent qu'un bruit sourd, un lointain murmure. Cela ne doit pas nous empêcher de témoigner à temps et à contretemps. Notre foi a beau être fragile comme un murmure, elle est aussi un trésor que nous avons à partager : « Ce que vous entendez au creux de l'oreille, proclamez-le sur les toits. » ■

***Bertrand Lesoing**, prêtre de la communauté Saint-Martin*

❊ CLÉ DE LECTURE

« Changer en bien » Genèse 50, 20 *(p. 103)*

Joseph s'est fait reconnaître, il a embrassé son vieux père, généreusement accueilli ses frères... Et pourtant, après la mort de Jacob, ceux-ci se prennent à douter : Joseph ne leur mentirait-il pas ? Tant le pardon paraît difficile, impossible à ceux-là mêmes qui en bénéficient. Joseph alors s'explique : certes, le pardon ne semble pas à portée humaine, mais c'est la présence et l'action de Dieu qu'il faut découvrir en relisant le passé et toute son aventure. Un Dieu qui, à travers les pires vicissitudes de l'existence, n'abandonne pas les siens, un Dieu toujours prêt à faire resurgir la vie après des œuvres de mort, un Dieu qui, seul, peut changer le mal en bien, changer le cœur de Joseph et celui de ses frères, apporter à tous confiance et réconfort. ■

***Roselyne Dupont-Roc**, bibliste*

DIMANCHE 16 JUILLET 2023

15E DIMANCHE DU TEMPS ORDINAIRE

ANNÉE A – COULEUR LITURGIQUE : VERT

Célébrer avec toute la Création nous est devenu plus familier depuis *Laudato si'*. Le Seigneur lui-même, dans ses paraboles, a souvent recours aux éléments de la nature pour parler de l'Alliance du Père. Que la « parabole du semeur » nous aide à rendre grâce à celui qui féconde la terre et à devenir nous-mêmes de « bonnes terres » pour sa Parole.

RITES INITIAUX

Chant d'entrée *(Suggestions p. 255)*
ou
Antienne d'ouverture
Moi, par ta justice, je verrai ta face ;
quand ta gloire se manifestera,
je serai rassasié. (cf. Ps 16, 15)

Suggestion de préparation pénitentielle *(ou p. 223)*
Frères et sœurs, pour préparer nos cœurs à recevoir la parole de Dieu et son pain de vie, reconnaissons que nous avons péché, invoquons la miséricorde du Père.

Seigneur Jésus, envoyé par le Père pour nous révéler son amour infini, tu pardonnes notre indifférence. Seigneur, prends pitié.
— Seigneur, prends pitié.
Ô Christ, mort et ressuscité pour le salut de tous les hommes et de la Création, tu pardonnes nos négligences. Ô Christ, prends pitié.
— Ô Christ, prends pitié.
Seigneur, dont la Pâque nous donne l'espérance du Royaume, tu pardonnes nos manques de foi. Seigneur, prends pitié.
— Seigneur, prends pitié.

Que Dieu tout-puissant nous fasse miséricorde ; qu'il nous pardonne nos péchés et nous conduise à la vie éternelle. ***— Amen.***

Gloire à Dieu (p. 225)

Prière

Seigneur Dieu, tu montres aux égarés la lumière de ta vérité pour qu'ils puissent reprendre le bon chemin ; donne à tous ceux qui se déclarent chrétiens de rejeter ce qui est contraire à ce nom et de rechercher ce qui lui fait honneur. Par Jésus… — ***Amen.***

LITURGIE DE LA PAROLE

Lecture du livre du prophète Isaïe (55, 10-11)

« La pluie fait germer la terre »

Ainsi parle le Seigneur : « La pluie et la neige qui descendent des cieux n'y retournent pas sans avoir abreuvé la terre, sans l'avoir fécondée et l'avoir fait germer, donnant la semence au semeur et le pain à celui qui doit manger ; ainsi ma parole, qui sort de ma bouche, ne me reviendra pas sans résultat, sans avoir fait ce qui me plaît, sans avoir accompli sa mission. »

– Parole du Seigneur.

Psaume 64 (65)

R/ Tu visites la terre et tu l'abreuves,
Seigneur, tu bénis les semailles.

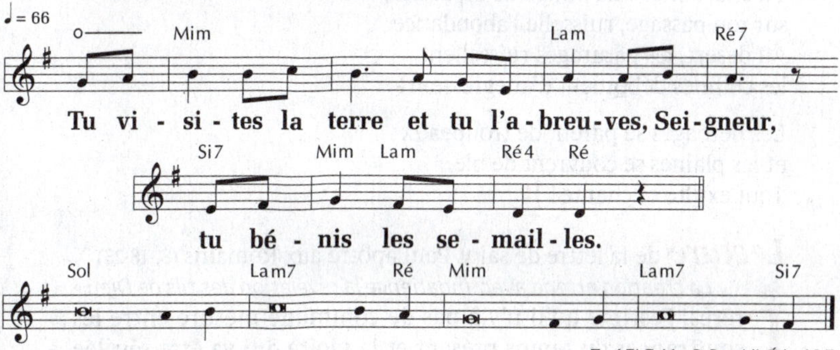

T.: AELF; M.: G. Previdi; Éd.: ADF.

Tu visites la terre et tu l'abreuves,
tu la combles de richesses ;
les ruisseaux de Dieu regorgent d'eau :
tu prépares les moissons. R/

Ainsi, tu prépares la terre,
tu arroses les sillons ;
tu aplanis le sol, tu le détrempes sous les pluies,
tu bénis les semailles. R/

Retrouvez
ce psaume sur le CD
"Les psaumes
de l'année A"

℟ ***Tu visites la terre et tu l'abreuves,***
Seigneur, tu bénis les semailles.

Tu couronnes une année de bienfaits ;
sur ton passage, ruisselle l'abondance.
Au désert, les pâturages ruissellent,
les collines débordent d'allégresse. ℟

Les herbages se parent de troupeaux
et les plaines se couvrent de blé.
Tout exulte et chante ! ℟

Lecture de la lettre de saint Paul apôtre aux Romains (8, 18-23)

« La création attend avec impatience la révélation des fils de Dieu »

Frères, j'estime qu'il n'y a pas de commune mesure entre les souffrances du temps présent et la gloire qui va être révélée pour nous. En effet la création attend avec impatience la révélation des fils de Dieu. Car la création a été soumise au pouvoir du néant, non pas de son plein gré, mais à cause de celui qui l'a livrée à ce pouvoir. Pourtant, elle a gardé l'espérance d'être, elle aussi, libérée de l'esclavage de la dégradation, pour connaître la liberté de la gloire donnée aux enfants de Dieu. Nous le savons bien, la création tout entière gémit, elle passe par les douleurs d'un enfantement qui dure encore. Et elle n'est pas seule. Nous aussi, en nous-mêmes, nous gémissons ; nous avons commencé

à recevoir l'Esprit Saint, mais nous attendons notre adoption et la rédemption de notre corps. – Parole du Seigneur.

Acclamation de l'Évangile

Alléluia. Alléluia. La semence est la parole de Dieu ; le semeur est le Christ ; celui qui le trouve demeure pour toujours. ***Alléluia.***

T. : AELF ; M. : P. Robert.

Évangile de Jésus Christ selon saint Matthieu (13, 1-23)

(Lecture brève : 13, 1-9)

« Le semeur sortit pour semer »

Ce jour-là, Jésus était sorti de la maison, et il était assis au bord de la mer. Auprès de lui se rassemblèrent des foules si grandes qu'il monta dans une barque où il s'assit ; toute la foule se tenait

sur le rivage. Il leur dit beaucoup de choses en paraboles : « Voici que le semeur sortit pour semer. Comme il semait, des grains sont tombés au bord du chemin, et les oiseaux sont venus tout manger. D'autres sont tombés sur le sol pierreux, où ils n'avaient pas beaucoup de terre ; ils ont levé aussitôt, parce que la terre était peu profonde. Le soleil s'étant levé, ils ont brûlé et, faute de racines, ils ont séché. D'autres sont tombés dans les ronces ; les ronces ont poussé et les ont étouffés. D'autres sont tombés dans la bonne terre, et ils ont donné du fruit à raison de cent, ou soixante, ou trente pour un. Celui qui a des oreilles, qu'il entende ! »

Fin de la lecture brève

Les disciples s'approchèrent de Jésus et lui dirent : « Pourquoi leur parles-tu en paraboles ? » Il leur répondit : « À vous il est donné de connaître les mystères du royaume des Cieux, mais ce n'est pas donné à ceux-là. À celui qui a, on donnera, et il sera dans l'abondance ; à celui qui n'a pas, on enlèvera même ce qu'il a. Si je leur parle en paraboles, c'est parce qu'ils regardent sans regarder, et qu'ils écoutent sans écouter ni comprendre. Ainsi s'accomplit pour eux la prophétie d'Isaïe : *Vous aurez beau écouter, vous ne comprendrez pas. Vous aurez beau regarder, vous ne verrez pas. Le cœur de ce peuple s'est alourdi : ils sont devenus durs d'oreille, ils se sont bouché les yeux, de peur que leurs yeux ne voient, que leurs oreilles n'entendent, que leur cœur ne comprenne, qu'ils ne se convertissent, – et moi, je les guérirai.* Mais vous, heureux vos yeux puisqu'ils voient, et vos oreilles puisqu'elles entendent ! Amen, je vous le dis : beaucoup de prophètes et de justes ont désiré voir ce que vous voyez, et ne l'ont pas vu, entendre ce que vous entendez, et ne l'ont pas entendu.

« Vous donc, écoutez ce que veut dire la parabole du semeur. Quand quelqu'un entend la parole du Royaume sans la comprendre, le Mauvais survient et s'empare de ce qui est semé dans son cœur : celui-là, c'est le terrain ensemencé au bord du chemin. Celui qui a reçu la semence sur un sol pierreux, c'est celui qui entend la Parole et la reçoit aussitôt avec joie ; mais il n'a pas de racines en lui, il est l'homme d'un moment : quand vient la détresse ou la persécution à cause de la Parole, il trébuche aussitôt. Celui qui a reçu la semence dans les ronces, c'est celui qui entend la Parole ; mais le souci du monde et la séduction de la richesse étouffent la Parole, qui ne donne pas de fruit. Celui qui a reçu la semence dans la bonne terre, c'est celui qui entend la Parole et la comprend : il porte du fruit à raison de cent, ou soixante, ou trente pour un. »

Homélie

Profession de foi *(p. 226)*

Suggestion de prière universelle

Le prêtre :

Notre Dieu est le Dieu de la vie. À Dieu notre Père, adressons notre prière pour tous les vivants, pour tous les hommes et pour toute la Création.

℟ ***Accueille au creux de tes mains la prière de tes enfants.***

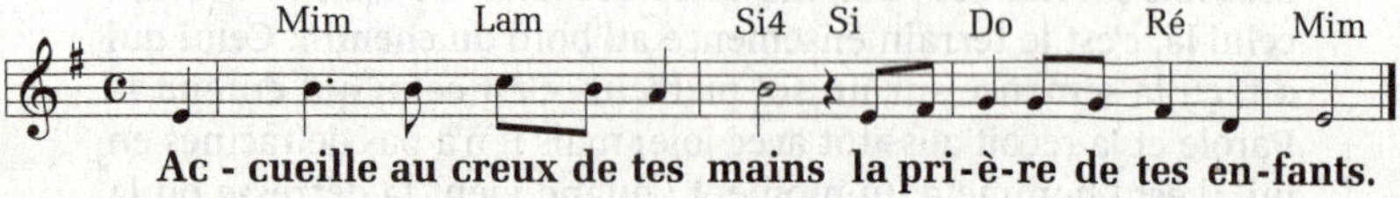

Y24-61 ; P. et M. G. Gafah ; Le Triforium.

Le diacre ou un lecteur :

« Tu visites la terre […] : tu prépares les moissons. » L'été est propice à admirer l'œuvre du Créateur. Prions pour que l'Église devienne encore plus attentive aux cris de la Terre. ℟

« Tu prépares la terre […] : tu bénis les semailles. » L'été est une période intense pour celles et ceux qui travaillent la terre. Prions pour que les producteurs de céréales, de fruits et légumes, puissent vivre plus décemment de leur travail. ℟

« Tu couronnes une année de bienfaits ; sur ton passage, ruisselle l'abondance. » Les richesses de la Terre ne sont pas équitablement réparties. Prions pour que les responsables des grandes nations veillent à plus de justice envers les pays pauvres. ℟

« Les collines débordent d'allégresse. […] Tout exulte et chante ! » Le pape François invite nos communautés à mettre l'eucharistie au centre de leur vie. Prions pour que, dans notre paroisse, l'action de grâce et la louange nous ouvrent à la rencontre de nos frères et sœurs. ℟

(Ces intentions seront adaptées ou modifiées selon les circonstances.)

Le prêtre :

Dieu d'amour, fais de nous la bonne terre pour ta parole : que nous annoncions ta bonté à tous ceux qui cherchent une espérance. Par le Christ, notre Seigneur. – ***Amen.***

LITURGIE EUCHARISTIQUE

Prière sur les offrandes

Regarde, Seigneur, les dons de l'Église qui te supplie : accorde à tes fidèles qui vont les recevoir la grâce d'une sainteté plus grande. Par le Christ, notre Seigneur. – ***Amen.***

Prière eucharistique

(Préface des dimanches, p. 229)

Chant de communion

(Suggestions p. 255)

OU

Antienne de la communion

Le passereau lui-même s'est trouvé
une maison, et la tourterelle, un nid pour abriter
sa couvée : tes autels, Seigneur de l'univers,
mon Roi et mon Dieu ! Heureux les habitants de ta maison :
ils te loueront pour les siècles des siècles.
(cf. Ps 83, 4-5)

OU

Celui qui mange ma chair et boit
mon sang demeure en moi,
et moi, je demeure en lui, dit le Seigneur.
(Jn 6, 56)

Prière après la communion

Nous avons reçu tes bienfaits, Seigneur, et nous te supplions : chaque fois que nous célébrons ce mystère, fais grandir en nous ton œuvre de salut. Par le Christ, notre Seigneur. – ***Amen.***

RITE DE CONCLUSION

Bénédiction

Envoi

COMMENTAIRE DU DIMANCHE

Luc Forestier, prêtre de l'Oratoire

Pluie et gémissements

Quels contrastes dans les lectures de ce dimanche ! Pour le psaume, les collines débordent d'allégresse, tout exulte et chante, alors que saint Paul constate que la Création gémit dans « les douleurs d'un enfantement qui dure encore ». Cette formule rejoint notre expérience contemporaine d'une planète fragilisée par l'activité humaine en particulier. Voilà qu'au cœur de cette Création qui gémit et de notre humanité qui souffre, l'Évangile est proclamé non seulement comme une parole mais aussi comme une nourriture. Isaïe compare ainsi la parole de Dieu qui se donne à nous à la pluie bienfaisante qui féconde la terre et au grain qui nous donne le pain quotidien.

Nos célébrations dominicales sont donc entièrement structurées par une Parole qui vient féconder et nourrir notre vie. •••

••• Non seulement nous écoutons les lectures bibliques, mais nous communions aussi au pain eucharistique qui nous permet de goûter autrement la parole de Dieu faite chair. Il y a donc une profonde articulation entre la proclamation publique des textes bibliques et le geste eucharistique par lequel le Pain de vie est reçu, béni, consacré, rompu, partagé et ingéré. Loin d'être un simple texte à lire ou à écouter, la Parole se donne à nous comme une pluie féconde qui rafraîchit notre monde assoiffé et comme le pain eucharistique qui, comme toute nourriture, peut être progressivement assimilé dans notre corps et dans notre vie.

Quelle est la place de « la Création qui gémit »
dans mes prières et mes choix de vie ?
Quels moyens puis-je me donner pour que mon rapport
à l'Écriture soit à la fois écoute et nourriture ? ■

CE QUE JE DÉCOUVRE

Une graine met du temps à grandir, puis à donner des fruits. Alors, quand l'heure de la récolte arrive, le semeur est joyeux. **Jésus est le semeur de notre vie.** Il sème en nous sa parole. Parfois, nos soucis et nos oublis, comme les pierres et les ronces de cet évangile, étouffent les paroles du Christ. Mais souvent, **ses paroles trouvent la bonne terre de notre cœur.** Et une fois qu'elles sont en nous, **nous devons les garder précieusement car elles nous font grandir.** Elles nous permettent de donner beaucoup de fruits autour de nous.

CE QUE JE VIS

D'après toi, **pourquoi Jésus parle de graines et de plantes ?**

Tu peux dessiner le semeur dans son champ. En dessinant, prie Jésus qui sème en toi sa parole.

Textes : S. Pelloux-Prayer, F. Metzger. Illustration : M. Truong

MÉDITATION BIBLIQUE

15E DIMANCHE DU TEMPS ORDINAIRE

Livre du prophète Isaïe 55, 10-11

Au service de l'abondance

L'eau et la Parole sont au service d'une collaboration de vie. Rien ne germe sans l'une, rien n'est possible à l'humain sans l'autre.

Le temps de la préparation

« Tu visites la terre et tu l'abreuves, tu la combles de richesses ; les ruisseaux de Dieu regorgent d'eau : tu prépares les moissons. » (Ps 64, 10)

Le temps de l'observation

C'est un véritable écosystème de la Création que racontent ces quelques versets d'Isaïe. La vie part d'une parole qui sort de Dieu, une parole risquée, donnée, offerte au monde. Elle est comparable à l'eau qui vient d'en haut, du ciel, pluie ou neige, qui rejoint la terre pour lui donner vie. Au contact de l'eau, la terre germe, produit en abondance des plantes qui donnent elles-mêmes des semences en abondance. Si les êtres humains le souhaitent, ils peuvent à leur tour être au service de cette profusion.

En récoltant les semences offertes par la nature, l'être humain peut les semer à son tour, consciemment, précautionneusement. Ces plantes fructifient, les céréales poussent, peuvent être récoltées et, par le travail, devenir du pain. Dans ce processus, rien n'est possible sans l'eau, comme rien n'est possible sans la parole de Dieu. La place de l'humain est au service du don de Dieu.

Le temps de la méditation

L'action de l'humain ne peut perturber le don de la Parole. Dieu ne s'absente pas de ce monde, il ne s'en retire pas. L'abondance ne peut pas disparaître. Mais dans cet écosystème, l'humain a un rôle à jouer, bien précis. Il est appelé à fructifier, il est au service d'un processus de vie garantie. Il n'est pas au-dessus ou à côté. Son action est là pour permettre d'accroître en conscience la Création à laquelle il participe. Il a la charge de se mettre au service de la vie et d'aider à la déployer. D'autre part, il a la responsabilité de transformer ce que la terre donne, c'est-à-dire d'en faire autre chose, quelque chose d'un peu plus abouti, quelque chose qui le rapproche du geste créateur de Dieu. S'il ne peut couper l'abondance donnée par Dieu, l'humain peut l'entraver. Perturber le climat, épuiser la terre, perturber la croissance des plantes équivaut à sortir de son rôle d'aidant.

Le temps de la prière

« Celui qui a reçu la semence dans la bonne terre, c'est celui qui entend la Parole et la comprend : il porte du fruit à raison de cent, ou soixante, ou trente pour un. » (Mt 13, 23) ■

Marie-Laure Durand, bibliste

DES IMAGES POUR LA FOI

MARIE MADELEINE

L'apôtre des Apôtres

Cette œuvre « Sainte Madeleine » rappelle, comme souvent, que l'apparence physique et vestimentaire est peu de chose par rapport à l'amour du Christ.

Depuis ce portique, on pourrait contempler un vaste panorama avec, au loin, une cité portuaire entourée de montagnes. Mais, de l'autre côté de la balustrade, une jeune femme élégante nous interpelle. Plus que son regard – qui semble chercher ailleurs une autre réalité –, c'est son geste qui nous arrête. Elle ouvre un précieux vase d'or. Cette femme est l'apôtre des Apôtres, celle qui a suivi Jésus, qui s'est tenue au pied de la Croix (Jn 19, 25) et qui, au matin de Pâques, a été témoin de sa résurrection (Jn 20, 11-18) : Marie Madeleine. Parce que la tradition l'a parfois identifiée à Marie (sœur de Lazare) ainsi qu'à la pécheresse pardonnée (Lc 7, 36-50), les artistes l'ont souvent représentée comme une courtisane richement vêtue portant la pyxide avec laquelle elle a parfumé les pieds de Jésus (Jn 12, 1-8). Le port que l'on distingue dans l'horizon bleuté, c'est Marseille où Marie aurait débarqué avec Marthe et Lazare avant de s'isoler à la Sainte-Baume. À droite dans le paysage, on distingue une grotte où la sainte dénudée est en prière : quelle valeur peuvent encore avoir perles et pierres précieuses quand on a rencontré l'amour du Christ ? ■

Dominique Pierre, journaliste

Sainte Madeleine
Quentin Metsys (1465/1466-1530). Musée du Louvre, Paris (Ier).

LUNDI 17 JUILLET 2023

15ᴱ SEMAINE DU TEMPS ORDINAIRE COULEUR LITURGIQUE : VERT

Temps ordinaire, *suggestion d'oraisons et d'antiennes n° 21*

Antienne d'ouverture

Incline vers moi ton oreille, Seigneur,
exauce-moi. Sauve, ô mon Dieu, ton serviteur
qui espère en toi. Prends pitié de moi,
Seigneur, toi que j'appelle tout le jour. (cf. Ps 85, 1-3)

Prière

Seigneur Dieu, toi qui unis les cœurs des fidèles dans une seule volonté : donne à ton peuple d'aimer ce que tu commandes et de désirer ce que tu promets, pour qu'au milieu des changements de ce monde, nos cœurs s'établissent fermement là où se trouvent les vraies joies. Par Jésus… — ***Amen.***

Lecture

du livre de l'Exode (1, 8-14.22)

« Prenons les dispositions voulues pour empêcher Israël de se multiplier »

En ces jours-là, un nouveau roi* vint au pouvoir en Égypte. Il n'avait pas connu Joseph. Il dit à son peuple : « Voici que le peuple des fils d'Israël est maintenant plus nombreux et plus puissant que nous. Prenons donc les dispositions voulues pour l'empêcher de se multiplier. Car, s'il y avait une guerre, il se joindrait à nos ennemis, combattrait contre

nous, et ensuite il sortirait du pays. » On imposa donc aux fils d'Israël des chefs de corvée pour les accabler de travaux pénibles. Ils durent bâtir pour Pharaon les villes d'entrepôts de Pithome et de Ramsès. Mais, plus on les accablait, plus ils se multipliaient et proliféraient, ce qui les fit détester. Les Égyptiens soumirent les fils d'Israël à un dur esclavage et leur rendirent la vie intenable à force de corvées : préparation de l'argile et des briques et toutes sortes de travaux à la campagne ; tous ces travaux étaient pour eux un dur esclavage. Pharaon donna cet ordre à tout son peuple : « Tous les fils qui naîtront aux Hébreux, jetez-les dans le Nil. Ne laissez vivre que les filles. »
– Parole du Seigneur.

Psaume 123 (124)

℟ ***Notre secours est dans le nom du Seigneur.***

Sans le Seigneur qui était pour nous
– qu'Israël le redise –
sans le Seigneur qui était pour nous
quand des hommes nous assaillirent,
alors ils nous avalaient tout vivants,
dans le feu de leur colère. ℟

Alors le flot passait sur nous,
le torrent nous submergeait ;
alors nous étions submergés
par les flots en furie.
Béni soit le Seigneur
qui n'a pas fait de nous la proie de leurs dents ! ℟

Comme un oiseau, nous avons échappé
au filet du chasseur ;
le filet s'est rompu :
nous avons échappé.
Notre secours est dans le nom du Seigneur
qui a fait le ciel et la terre. ℟

Acclamation de l'Évangile

Alléluia. Alléluia. Heureux ceux qui sont persécutés pour la justice, car le royaume des Cieux est à eux ! ***Alléluia.***

Évangile de Jésus Christ

selon saint Matthieu (10, 34 – 11, 1)

« Je ne suis pas venu apporter la paix, mais le glaive »

En ce temps-là, Jésus disait à ses Apôtres : « Ne pensez pas que je sois venu apporter la paix sur la terre : je ne suis pas venu apporter la paix, mais le glaive. Oui, je suis venu séparer l'homme de son père, la fille de sa mère, la belle-fille de sa belle-mère : on aura pour ennemis les gens de sa propre maison. Celui qui aime son père ou sa mère plus que moi n'est pas digne de moi ; celui qui aime son fils ou sa fille plus que moi n'est pas digne de moi ; celui qui ne prend pas sa croix et ne me suit pas n'est pas digne de moi. Qui a trouvé sa vie la perdra ; qui a perdu sa vie à cause de moi la trouvera. Qui vous accueille m'accueille ; et qui m'accueille accueille Celui qui m'a envoyé. Qui accueille un prophète en sa qualité de prophète recevra une récompense de prophète ; qui accueille un homme juste en sa qualité de juste recevra une récompense de juste. Et celui qui donnera à boire, même un simple verre d'eau fraîche, à l'un de ces petits en sa qualité de disciple, amen, je vous le dis : non, il ne perdra pas sa récompense. »

Lorsque Jésus eut terminé les instructions qu'il donnait à ses douze disciples, il partit de là pour enseigner et proclamer la Parole dans les villes du pays.

Prière sur les offrandes

Par l'unique sacrifice, offert une fois pour toutes, tu t'es donné, Seigneur, le peuple que tu as adopté ; en ta bienveillance, accorde-nous la grâce de l'unité et de la paix dans ton Église. Par le Christ, notre Seigneur. – ***Amen.***

Antienne de la communion

La terre se rassasie du fruit
de tes œuvres, Seigneur, tu fais
produire à la terre le pain, et le vin
qui réjouit le cœur de l'homme.
(cf. Ps 103, 13-15)

OU

Qui mange ma chair et boit mon sang
a la vie éternelle, dit le Seigneur ;
et moi, je le ressusciterai
au dernier jour.
(Jn 6, 54)

Prière après la communion

Que ta miséricorde agisse en nous, Seigneur, nous t'en prions, et qu'elle nous guérisse entièrement ; par ta bonté, transforme-nous et rends-nous si fervents que nous puissions te plaire en toute chose. Par le Christ, notre Seigneur. – ***Amen.***

INVITATION

Certaines lectures sont difficiles à comprendre. Je pourrais rechercher un groupe d'étude de la Parole, pour la rentrée.

COMMENTAIRE

Le Christ, sinon rien Matthieu 10, 34 – 11, 1

Suivre le Fils de l'homme touche aux racines des liens tissés avec notre famille, nos proches, nos amis. Dans une formule lapidaire, saint Benoît engageait ses frères à ne « rien préférer au Christ ». Un choix qui se traduit au quotidien par des gestes simples, à la portée de tous. Un verre d'eau fraîche ouvre les portes du Royaume. Radicalité et tendresse s'embrassent, faisant taire les peurs qui font trembler nos cœurs. ■

***Bénédicte de la Croix**, cistercienne*

✲ CLÉ DE LECTURE

« Un nouveau roi » Exode 1, 8 *(p. 126)*

Les auteurs bibliques connaissent bien les aléas du politique : alors que la descendance de Joseph vivait heureuse en Égypte, un changement de pouvoir vient menacer la promesse de Dieu. Quand arrive un nouveau roi qui « n'avait pas connu Joseph », la prospérité se transforme en esclavage et en extermination. Et Dieu se tait, Dieu ignore... Une situation de persécution et un constat amer que les Juifs ont connus trop souvent dans leur histoire. Il faudra que des femmes d'abord résistent, puis qu'un jour un enfant, élevé à la cour comme un prince égyptien, se révolte contre l'oppression. Alors, dit le texte, Dieu se rendit compte (cf. Ex 2, 24-25). Dieu qui attend que des hommes se lèvent, mais qui ne renonce jamais à sa promesse, parce qu'il est amour et fidélité. ■

***Roselyne Dupont-Roc**, bibliste*

MARDI 18 JUILLET 2023

15E SEMAINE DU TEMPS ORDINAIRE COULEUR LITURGIQUE : VERT

Temps ordinaire, *suggestion d'oraisons et d'antiennes n° 22*

Antienne d'ouverture

Prends pitié de moi, Seigneur, car j'ai crié vers toi tout le jour, toi qui es bon et qui pardonnes, plein de miséricorde pour tous ceux qui t'appellent.

(cf. Ps 85, 3.5)

Prière

Dieu de l'univers, de qui vient tout don parfait, enracine en nos cœurs l'amour de ton nom ; augmente notre foi pour développer ce qui est bon en nous ; veille sur nous avec sollicitude pour protéger ce que tu as fait grandir. Par Jésus… ***— Amen.***

16 - 22

Lecture

du livre de l'Exode (2, 1-15a)

« Elle lui donna le nom de Moïse, en disant : "Je l'ai tiré des eaux." Or vint le jour où Moïse, qui avait grandi, se rendit auprès de ses frères »

En ces jours-là, un homme de la tribu de Lévi avait épousé une femme de la même tribu. Elle devint enceinte, et elle enfanta un fils. Voyant qu'il était beau, elle le cacha durant trois mois. Lorsqu'il lui fut impossible de le tenir caché plus longtemps, elle prit une corbeille de jonc, qu'elle enduisit de bitume et de goudron. Elle y plaça l'enfant, et

déposa la corbeille au bord du Nil, au milieu des roseaux. La sœur de l'enfant se tenait à distance pour voir ce qui allait arriver. La fille de Pharaon descendit au fleuve pour s'y baigner, tandis que ses suivantes se promenaient sur la rive. Elle aperçut la corbeille parmi les roseaux et envoya sa servante pour la prendre. Elle l'ouvrit et elle vit l'enfant. C'était un petit garçon, il pleurait. Elle en eut pitié et dit : « C'est un enfant des Hébreux. » La sœur de l'enfant dit alors à la fille de Pharaon : « Veux-tu que j'aille te chercher, parmi les femmes des Hébreux, une nourrice qui, pour toi, nourrira l'enfant ? » La fille de Pharaon lui répondit : « Va. » La jeune fille alla donc chercher la mère de l'enfant. La fille de Pharaon dit à celle-ci : « Emmène cet enfant et nourris-le pour moi. C'est moi qui te donnerai ton salaire. » Alors la femme emporta l'enfant et le nourrit. Lorsque l'enfant eut grandi, elle le ramena à la fille de Pharaon qui le traita comme son propre fils ; elle lui donna le nom de Moïse, en disant : « Je l'ai tiré des eaux. » Or vint le jour où Moïse, qui avait grandi, se rendit auprès de ses frères et les vit accablés de corvées. Il vit un Égyptien qui frappait un Hébreu, l'un de ses frères. Regardant autour de lui et ne voyant personne, il frappa à mort l'Égyptien et l'enfouit dans le sable. Le lendemain, il sortit de nouveau : voici que deux Hébreux se battaient. Il dit à l'agresseur : « Pourquoi frappes-tu ton compagnon ? » L'homme lui répliqua : « Qui t'a institué chef et juge sur nous ? Veux-tu me tuer comme tu as tué l'Égyptien ? » Moïse eut peur et se dit : « Pas de doute, la chose est connue. » Pharaon en fut informé et chercha à faire tuer Moïse. Celui-ci s'enfuit loin de Pharaon et habita au pays de Madiane. – Parole du Seigneur.

Psaume 68 (69)

℟ ***Cherchez Dieu, vous les humbles, et votre cœur vivra.***

J'enfonce dans la vase du gouffre,
rien qui me retienne ;
je descends dans l'abîme des eaux,
le flot m'engloutit. ℟

Et moi, je te prie, Seigneur :
c'est l'heure de ta grâce ;
dans ton grand amour, Dieu, réponds-moi,
par ta vérité sauve-moi. ℟

Et moi, humilié, meurtri,
que ton salut, Dieu, me redresse.
Et je louerai le nom de Dieu par un cantique,
je vais le magnifier, lui rendre grâce. ℟

Les pauvres l'ont vu, ils sont en fête :
« Vie et joie, à vous qui cherchez Dieu ! »
Car le Seigneur écoute les humbles,
il n'oublie pas les siens emprisonnés. ℟

Acclamation de l'Évangile

Alléluia. Alléluia. Aujourd'hui, ne fermez pas votre cœur, mais écoutez la voix du Seigneur. ***Alléluia.***

Évangile de Jésus Christ

selon saint Matthieu (11, 20-24)

« Au jour du Jugement, Tyr et Sidon et le pays de Sodome seront traités moins sévèrement que vous »

En ce temps-là, Jésus se mit à faire des reproches aux villes où avaient eu lieu la plupart de ses miracles, parce qu'elles ne s'étaient pas converties : « Malheureuse es-tu, Corazine ! Malheureuse es-tu,

Bethsaïde ! Car, si les miracles qui ont eu lieu chez vous avaient eu lieu à Tyr et à Sidon, ces villes, autrefois, se seraient converties, sous le sac et la cendre. Aussi, je vous le déclare : au jour du Jugement, Tyr et Sidon seront traitées moins sévèrement que vous. Et toi, Capharnaüm, seras-tu donc élevée jusqu'au ciel ? Non, tu descendras jusqu'au séjour des morts ! Car, si les miracles qui ont eu lieu chez toi avaient eu lieu à Sodome, cette ville serait encore là aujourd'hui. Aussi, je vous le déclare : au jour du Jugement, le pays de Sodome sera traité moins sévèrement que toi. »

Prière sur les offrandes

Que cette offrande sainte nous apporte à jamais, Seigneur, la bénédiction du salut, afin qu'elle donne toute sa force à ce qu'elle accomplit dans le sacrement. Par le Christ, notre Seigneur. — ***Amen.***

Antienne de la communion

Qu'ils sont grands,
tes bienfaits, Seigneur !
Tu les réserves à ceux
qui te craignent.
(Ps 30, 20)

OU

Heureux les artisans de paix,
car ils seront appelés fils de Dieu.
Heureux ceux qui sont persécutés
pour la justice, car le royaume
des Cieux est à eux. (Mt 5, 9-10)

Prière après la communion

Rassasiés par le pain reçu à la table du ciel, nous te prions, Seigneur : que cette nourriture fortifie en nos cœurs la charité, et nous stimule à te servir dans nos frères. Par le Christ, notre Seigneur. — ***Amen.***

INVITATION

« Je l'ai tiré des eaux. » Je peux formuler cette prière : « Seigneur, que toutes les personnes qui fuient le malheur soient tirées vivantes des eaux. »

COMMENTAIRE

Un doux guide Exode 2, 1-15a

La vie de Moïse est tout entière placée sous le signe de l'Exode. Son existence débute au fil des eaux du Nil et se poursuit dans le désert pour échapper à une mort certaine. Après avoir expérimenté la violence de Pharaon, la confrontation à sa colère lui fait éprouver encore une fois dans sa chair la précarité de sa condition d'étranger. C'est un homme vulnérable que Dieu choisit pour guider son peuple, un homme disposé à la miséricorde. ■

Bénédicte de la Croix, *cistercienne*

MERCREDI 19 JUILLET 2023

15E SEMAINE DU TEMPS ORDINAIRE COULEUR LITURGIQUE : VERT

Temps ordinaire, *suggestion d'oraisons et d'antiennes n° 23*

Antienne d'ouverture

Toi, tu es juste, Seigneur, tu es droit dans ton jugement. Agis pour ton serviteur selon ta miséricorde. (cf. Ps 118, 137.124a)

Prière

Seigneur Dieu, par toi nous vient la rédemption, par toi nous est donnée l'adoption filiale ; dans ta bonté, regarde avec amour tes enfants ; à ceux qui croient au Christ, accorde la vraie liberté et la vie éternelle en héritage. Par Jésus… ***— Amen.***

Lecture

du livre de l'Exode (3, 1-6.9-12)

« L'ange du Seigneur lui apparut dans la flamme d'un buisson en feu »

En ces jours-là, Moïse était berger du troupeau de son beau-père Jéthro, prêtre de Madiane. Il mena le troupeau au-delà du désert et parvint à la montagne de Dieu, à l'Horeb. L'ange du Seigneur lui apparut dans la flamme d'un buisson en feu. Moïse regarda : le buisson brûlait sans se consumer. Moïse se dit alors : « Je vais faire un détour pour voir cette chose extraordinaire : pourquoi le buisson ne se consume-t-il pas ? » Le Seigneur

vit qu'il avait fait un détour pour voir, et Dieu l'appela du milieu du buisson : « Moïse ! Moïse ! » Il dit : « Me voici ! » Dieu dit alors : « N'approche pas d'ici ! Retire les sandales de tes pieds, car le lieu où tu te tiens est une terre sainte ! » Et il déclara : « Je suis le Dieu de ton père, le Dieu d'Abraham, le Dieu d'Isaac, le Dieu de Jacob. » Moïse se voila le visage car il craignait de porter son regard sur Dieu. Le Seigneur dit : « Maintenant, le cri des fils d'Israël est parvenu jusqu'à moi, et j'ai vu l'oppression que leur font subir les Égyptiens. Maintenant donc, va ! Je t'envoie chez Pharaon : tu feras sortir d'Égypte mon peuple, les fils d'Israël. » Moïse dit à Dieu : « Qui suis-je pour aller trouver Pharaon, et pour faire sortir d'Égypte les fils d'Israël ? » Dieu lui répondit : « Je suis avec toi. Et tel est le signe que c'est moi qui t'ai envoyé : quand tu auras fait sortir d'Égypte mon peuple, vous rendrez un culte à Dieu sur cette montagne. » – Parole du Seigneur.

Psaume 102 (103)

℟ ***Le Seigneur est tendresse et pitié.***

Bénis le Seigneur, ô mon âme,
bénis son nom très saint, tout mon être !
Bénis le Seigneur, ô mon âme,
n'oublie aucun de ses bienfaits ! ℟

Car il pardonne toutes tes offenses
et te guérit de toute maladie ;
il réclame ta vie à la tombe
et te couronne d'amour et de tendresse. ℟

Le Seigneur fait œuvre de justice,
il défend le droit des opprimés.
Il révèle ses desseins à Moïse,
aux enfants d'Israël ses hauts faits. ℟

Acclamation de l'Évangile

Alléluia. Alléluia. Tu es béni, Père, Seigneur du ciel et de la terre, tu as révélé aux tout-petits les mystères du Royaume ! ***Alléluia.***

Évangile de Jésus Christ

selon saint Matthieu (11, 25-27)

« Ce que tu as caché aux sages et aux savants, tu l'as révélé aux tout-petits »

En ce temps-là, Jésus prit la parole et dit : « Père, Seigneur du ciel et de la terre, je proclame ta louange : ce que tu as caché aux sages et aux savants, tu l'as révélé aux tout-petits. Oui, Père, tu l'as voulu ainsi dans ta bienveillance. Tout m'a été remis par mon Père ; personne ne connaît le Fils, sinon le Père, et personne ne connaît le Père, sinon le Fils, et celui à qui le Fils veut le révéler. »

Prière sur les offrandes

Seigneur Dieu, source de la piété véritable et de la paix, nous t'en prions, accorde-nous d'honorer dignement ta gloire par cette offrande ; que, dans la participation fidèle aux saints mystères, nous prenions davantage conscience de notre unité. Par le Christ, notre Seigneur. ***— Amen.***

Antienne de la communion

Comme un cerf altéré
cherche la source des eaux,
ainsi mon âme te désire,
toi, mon Dieu. Mon âme a soif
de Dieu, le Dieu vivant et fort.
(cf. Ps 41, 2-3)

OU

Je suis la lumière du monde,
dit le Seigneur. Celui qui me suit
ne marchera pas dans les ténèbres,
il aura la lumière de la vie.
(Jn 8, 12)

Prière après la communion

Par ta parole, Seigneur, et par le sacrement du ciel, tu nourris tes fidèles et tu les fais vivre : accorde-nous de si bien profiter de tels dons que nous soyons associés pour toujours à la vie de ton Fils bien-aimé. Lui qui… ***— Amen.***

INVITATION

En cette période estivale, je peux prier pour les pompiers et veiller particulièrement à économiser l'eau.

COMMENTAIRE

Humble marcheur de Dieu — Exode 3, 1-6.9-12 ; Matthieu 11, 25-27

« Moïse était très humble, l'homme le plus humble que la terre ait porté » (Nb 12, 3). Cette phrase inscrite dans le livre des Nombres nous autorise à relier les lectures de ce jour. Moïse n'est ni sage ni savant. C'est à un homme en cavale que Dieu révèle son Nom, à un marcheur familier des routes sinueuses de l'existence. En changeant de chemin, une fois encore, il se présente pieds nus face au buisson où Dieu l'attend. Un itinéraire riche d'enseignements ! ■

***Bénédicte de la Croix**, cistercienne*

JEUDI 20 JUILLET 2023

15E SEMAINE DU TEMPS ORDINAIRE COULEUR LITURGIQUE : VERT

Temps ordinaire, *suggestion d'oraisons et d'antiennes n° 24*
ou **saint Apollinaire**

Antienne d'ouverture

Donne la paix, Seigneur, à ceux qui t'attendent ; que tes prophètes soient reconnus dignes de foi. Écoute les prières de ton serviteur, et de ton peuple Israël. (cf. Si 36, 21-22)

Prière

Dieu créateur et maître de tout, pose sur nous ton regard, et pour que nous ressentions l'effet de ton pardon, accorde-nous de te servir avec un cœur sans partage. Par Jésus… ***— Amen.***

Lecture

du livre de l'Exode (3, 13-20)

« Celui qui m'a envoyé vers vous, c'est : Je-suis »

En ces jours-là, Moïse avait entendu la voix du Seigneur depuis le buisson. Il répondit à Dieu : « J'irai donc trouver les fils d'Israël, et je leur dirai : "Le Dieu de vos pères m'a envoyé vers vous." Ils vont me demander quel est son nom ; que leur répondrai-je ? » Dieu dit à Moïse : « Je suis qui je suis. Tu parleras ainsi aux fils d'Israël : "Celui qui m'a envoyé vers vous, c'est : Je-suis." » Dieu dit encore à Moïse : « Tu parleras ainsi aux fils d'Israël : "Celui qui m'a envoyé vers vous, c'est Le Seigneur, le Dieu de vos pères, le Dieu d'Abraham, le Dieu d'Isaac, le Dieu de Jacob." C'est là mon nom pour toujours, c'est par lui que vous ferez mémoire de moi, d'âge en d'âge. Va, rassemble les anciens d'Israël. Tu leur diras : "Le Seigneur, le Dieu de vos pères, le Dieu d'Abraham, d'Isaac et de Jacob, m'est apparu. Il m'a dit : Je vous ai visités et ainsi j'ai vu comment on vous traite en Égypte. J'ai dit : Je vous ferai monter de la misère qui vous accable en Égypte vers le pays du Cananéen, du Hittite, de l'Amorite, du Perizzite, du Hivvite et du Jébuséen, le pays ruisselant de lait et de miel." Ils écouteront ta voix ; alors tu iras, avec les anciens d'Israël, auprès du roi d'Égypte, et vous lui direz : "Le Seigneur, le Dieu des Hébreux, est venu nous trouver. Et maintenant, laisse-nous aller dans le désert, à trois jours de marche, pour y offrir un sacrifice au Seigneur notre Dieu." Or, je sais, moi, que le roi d'Égypte ne vous laissera pas partir s'il n'y est pas forcé. Aussi j'étendrai la main, je frapperai l'Égypte par toutes sortes de prodiges que j'accomplirai au milieu d'elle. Après cela, il vous permettra de partir. » – Parole du Seigneur.

Psaume 104 (105)

℟ ***Le Seigneur s'est toujours souvenu de son alliance.***
OU ***Alléluia !***

Rendez grâce au Seigneur, proclamez son nom,
annoncez parmi les peuples ses hauts faits ;
souvenez-vous des merveilles qu'il a faites,
de ses prodiges, des jugements qu'il prononça. ℟

Il s'est toujours souvenu de son alliance,
parole édictée pour mille générations :
promesse faite à Abraham,
garantie par serment à Isaac. ℟

Dieu rend son peuple nombreux
et plus puissant que tous ses adversaires ;
ceux-là, il les fait se raviser,
haïr son peuple et tromper ses serviteurs. ℟

Mais il envoie son serviteur, Moïse,
avec un homme de son choix, Aaron,
pour annoncer des signes prodigieux,
des miracles au pays de Cham. ℟

Acclamation de l'Évangile

Alléluia. Alléluia. Venez à moi, vous tous qui peinez sous le poids du fardeau, dit le Seigneur, et moi, je vous procurerai le repos. ***Alléluia.***

Évangile de Jésus Christ

selon saint Matthieu (11, 28-30)

« Je suis doux et humble de cœur »

En ce temps-là, Jésus prit la parole et dit : « Venez à moi, vous tous qui peinez sous le poids du fardeau, et moi, je vous procurerai le repos. Prenez sur vous mon joug, devenez mes disciples, car je suis doux et humble de cœur, et vous trouverez le repos pour votre âme. Oui, mon joug est facile à porter, et mon fardeau, léger. »

Prière sur les offrandes

Sois favorable à nos supplications, Seigneur, et dans ta bonté accueille les offrandes de ceux qui te servent : que les dons offerts par chacun en l'honneur de ton nom soient utiles au salut de tous. Par le Christ, notre Seigneur. ***— Amen.***

Antienne de la communion

Qu'elle est précieuse, ta miséricorde, ô mon Dieu ! Les hommes trouvent refuge à l'ombre de tes ailes. (cf. Ps 35, 8)

OU

La coupe de bénédiction
que nous bénissons est communion
au sang du Christ. Le pain
que nous rompons est participation
au corps du Seigneur. (1 Co 10, 16)

Prière après la communion

Que la force agissante de ce don divin, nous t'en prions, Seigneur, saisisse nos esprits et nos corps, afin que son influence, et non pas notre sentiment, prédomine toujours en nous. Par le Christ, notre Seigneur. **— *Amen.***

INVITATION

Je réfléchis à un ou plusieurs engagements bénévoles que je pourrais prendre à la rentrée pour manifester mon désir de servir les autres.

COMMENTAIRE

Jamais seul

Matthieu 11, 28-30

Les paroles de Jésus sont un baume pour tous ceux « qui peinent sous le poids du fardeau », c'est-à-dire chacun de nous au cours de nos vies semées d'embûches. Je ne peux m'empêcher de voir le Fils de l'homme sur le chemin du calvaire, ployant sous le bois de la Croix. Depuis les jours de sa Passion, aucun être humain n'est seul avec sa douleur, l'Agneau de Dieu l'accompagne avec la délicatesse discrète d'un cœur doux et humble. ■

***Bénédicte de la Croix**, cistercienne*

VENDREDI 21 JUILLET 2023

15E SEMAINE DU TEMPS ORDINAIRE COULEUR LITURGIQUE : VERT

Temps ordinaire, *suggestion d'oraisons et d'antiennes nº 25*
ou **saint Laurent de Brindisi**

Antienne d'ouverture

Je suis le salut de mon peuple, dit le Seigneur,
dans toutes les épreuves, s'il crie vers moi, je l'exaucerai ;
je serai son Seigneur pour toujours.

Prière

Seigneur Dieu, tu as voulu que toute la loi de sainteté consiste à t'aimer et à aimer son prochain : donne-nous de garder tes commandements, et de parvenir ainsi à la vie éternelle. Par Jésus… — ***Amen.***

Lecture

du livre de l'Exode (11, 10 – 12, 14)

« On immolera l'agneau au coucher du soleil. Je verrai le sang, et je passerai »

En ces jours-là, Moïse et Aaron avaient accompli toutes sortes de prodiges devant Pharaon ; mais le Seigneur avait fait en sorte que Pharaon s'obstine ; et celui-ci ne laissa pas les fils d'Israël sortir de son pays.

Dans le pays d'Égypte, le Seigneur dit à Moïse et à son frère Aaron : « Ce mois-ci sera pour vous le premier des mois, il marquera pour vous le commencement de l'année. Parlez ainsi à toute la communauté d'Israël : le dix de ce mois, que l'on

prenne un agneau par famille, un agneau par maison. Si la maisonnée est trop peu nombreuse pour un agneau, elle le prendra avec son voisin le plus proche, selon le nombre des personnes. Vous choisirez l'agneau d'après ce que chacun peut manger. Ce sera une bête sans défaut, un mâle, de l'année. Vous prendrez un agneau ou un chevreau. Vous le garderez jusqu'au quatorzième jour du mois. Dans toute l'assemblée de la communauté d'Israël, on l'immolera au coucher du soleil. On prendra du sang, que l'on mettra sur les deux montants et sur le linteau des maisons où on le mangera.

« On mangera sa chair cette nuit-là, on la mangera rôtie au feu, avec des pains sans levain et des herbes amères. Vous n'en mangerez aucun morceau qui soit à moitié cuit ou qui soit bouilli ; tout sera rôti au feu, y compris la tête, les jarrets et les entrailles. Vous n'en garderez rien pour le lendemain ; ce qui resterait pour le lendemain, vous le détruirez en le brûlant. Vous mangerez ainsi : la ceinture aux reins, les sandales aux pieds, le bâton à la main. Vous mangerez en toute hâte : c'est la Pâque du Seigneur. Je traverserai le pays d'Égypte, cette nuit-là ; je frapperai tout premier-né au pays d'Égypte, depuis les hommes jusqu'au bétail. Contre tous les dieux de l'Égypte j'exercerai mes jugements : Je suis le Seigneur. Le sang sera pour vous un signe, sur les maisons où vous serez. Je verrai le sang, et je passerai : vous ne serez pas atteints par le fléau dont je frapperai le pays d'Égypte. Ce jour-là sera pour vous un mémorial. Vous en ferez pour le Seigneur une fête de pèlerinage. C'est un décret perpétuel : d'âge en âge vous la fêterez. » – Parole du Seigneur.

Psaume 115 (116B)

℟ ***J'élèverai la coupe du salut, j'invoquerai le nom du Seigneur.***

OU

Alléluia !

Comment rendrai-je au Seigneur
tout le bien qu'il m'a fait ?
J'élèverai la coupe du salut,
j'invoquerai le nom du Seigneur. ℟

Il en coûte au Seigneur
de voir mourir les siens !

Ne suis-je pas, Seigneur, ton serviteur,
moi, dont tu brisas les chaînes ? ℟

Je t'offrirai le sacrifice d'action de grâce,
j'invoquerai le nom du Seigneur.
Je tiendrai mes promesses au Seigneur,
oui, devant tout son peuple. ℟

Acclamation de l'Évangile

Alléluia. Alléluia. Mes brebis écoutent ma voix, dit le Seigneur ; moi, je les connais, et elles me suivent. ***Alléluia.***

Évangile de Jésus Christ

selon saint Matthieu (12, 1-8)

« Le Fils de l'homme est maître du sabbat »

En ce temps-là, un jour de sabbat, Jésus vint à passer à travers les champs de blé ; ses disciples eurent faim et ils se mirent à arracher des épis et à les manger. Voyant cela, les pharisiens lui dirent : « Voilà que tes disciples font ce qu'il n'est pas permis de faire le jour du sabbat ! » Mais il leur dit : « N'avez-vous pas lu ce que fit David, quand il eut faim, lui et ceux qui l'accompagnaient ? Il entra dans la maison de Dieu, et ils mangèrent les pains de l'offrande ; or, ni lui ni les autres n'avaient le droit d'en manger, mais seulement les prêtres. Ou bien encore, n'avez-vous pas lu dans la Loi que le jour du sabbat, les prêtres, dans le Temple, manquent au repos du sabbat sans commettre de faute ? Or, je vous le dis : il y a ici plus grand que le Temple. Si vous aviez compris ce que signifie : Je veux la miséricorde, non le sacrifice, vous n'auriez pas condamné ceux qui n'ont pas commis de faute. En effet, le Fils de l'homme est maître du sabbat. »

Prière sur les offrandes

Reçois favorablement, nous t'en prions, Seigneur, les dons présentés par ton peuple : que tous obtiennent par tes sacrements ce qu'ils proclament dans la ferveur de la foi. Par le Christ, notre Seigneur. — ***Amen.***

Antienne de la communion

Toi, tu promulgues des préceptes
à observer entièrement.
Puissent mes voies s'affermir
à observer tes commandements !
(Ps 118, 4-5)

OU

Je suis le bon pasteur,
dit le Seigneur,
je connais mes brebis,
et mes brebis me connaissent.
(Jn 10, 14)

Prière après la communion
Dans ta bonté, Seigneur, fais que ton aide soutienne toujours ceux que tu as nourris de tes sacrements, afin qu'ils puissent, dans ces mystères et par toute leur vie, recueillir les fruits de la rédemption. Par le Christ, notre Seigneur. — ***Amen.***

INVITATION

Le Christ apparaît aussi bien dans les Écritures que dans la nature, disait saint Laurent de Brindisi fêté aujourd'hui. Je peux chercher sa présence dans l'un ou dans l'autre.

COMMENTAIRE

Maître de la miséricorde Matthieu 12, 1-8

« Je veux la miséricorde, non le sacrifice. » Une phrase que nous devrions inscrire sur les tablettes de nos cœurs, nous qui sommes si prompts à juger et à condamner ceux dont le comportement nous dérange. Le maître du sabbat vient nous rappeler la finalité de toute loi, de toute prescription religieuse : nous aider à vivre en fils et filles de Dieu, notre Père à tous. N'érigeons pas nos pratiques, même les meilleures, en idoles ! ■

Bénédicte de la Croix, *cistercienne*

SAMEDI 22 JUILLET 2023

COULEUR LITURGIQUE : BLANC

Sainte Marie Madeleine

Ier siècle. L'une des femmes dévouées à Jésus. Elle resta avec Marie et Jean au pied de la Croix. Le Christ ressuscité lui étant apparu au matin de Pâques, elle alla l'annoncer aux Apôtres.

Antienne d'ouverture

Le Seigneur dit à Marie Madeleine :
« Va trouver mes frères pour leur dire que je monte vers mon Père et votre Père, vers mon Dieu et votre Dieu. » (Jn 20, 17)

Gloire à Dieu *(p. 225)*

Prière

Seigneur Dieu, c'est à Marie Madeleine que ton Fils unique a confié la première annonce de la joie pascale ; accorde-nous, à sa prière et à son exemple, de proclamer que le Christ est vivant et de le contempler dans la gloire de ton royaume. Lui qui… — ***Amen.***

Lectures propres à la fête de sainte Marie Madeleine.

Lecture

de la deuxième lettre de saint Paul apôtre aux Corinthiens (5, 14-17)

« Nous ne comprenons plus le Christ d'une manière simplement humaine »

Frères, l'amour du Christ nous saisit quand nous pensons qu'un seul est mort pour tous, et qu'ainsi tous ont passé par la mort. Car le Christ est mort pour tous, afin que les vivants n'aient plus leur vie

centrée sur eux-mêmes, mais sur lui, qui est mort et ressuscité pour eux. Désormais nous ne regardons plus personne d'une manière simplement humaine : si nous avons connu le Christ de cette manière, maintenant nous ne le connaissons plus ainsi. Si donc quelqu'un est dans le Christ, il est une créature nouvelle*. Le monde ancien s'en est allé, un monde nouveau est déjà né.

– Parole du Seigneur.

On peut aussi lire Cantique des Cantiques 3, 1-4a.

Psaume 62 (63)

℟ ***Mon âme a soif de toi, Seigneur, mon Dieu !***

Dieu, tu es mon Dieu, je te cherche dès l'aube :
mon âme a soif de toi ;
après toi languit ma chair,
terre aride, altérée, sans eau. ℟

Je t'ai contemplé au sanctuaire,
j'ai vu ta force et ta gloire.
Ton amour vaut mieux que la vie :
tu seras la louange de mes lèvres ! ℟

Toute ma vie, je vais te bénir,
lever les mains en invoquant ton nom.
Comme par un festin, je serai rassasié ;
la joie sur les lèvres, je dirai ta louange. ℟

Oui, tu es venu à mon secours :
je crie de joie à l'ombre de tes ailes.
Mon âme s'attache à toi,
ta main droite me soutient. ℟

Acclamation de l'Évangile

Alléluia. Alléluia. « Dis-nous, Marie Madeleine, qu'as-tu vu en chemin ? – J'ai vu le tombeau du Christ vivant, j'ai vu la gloire du Ressuscité. » ***Alléluia.***

Évangile de Jésus Christ

selon saint Jean (20, 1.11-18)

« Femme, pourquoi pleures-tu ? »

Le premier jour de la semaine, Marie Madeleine se rend au tombeau de grand matin ; c'était encore les ténèbres. Elle s'aperçoit que la pierre a été enlevée du tombeau. Elle se tenait près du tombeau, au-dehors, tout en pleurs. Et en pleurant, elle se pencha vers le tombeau. Elle aperçoit deux anges vêtus de blanc, assis l'un à la tête et l'autre aux pieds, à l'endroit où avait reposé le corps de Jésus. Ils lui demandent : « Femme, pourquoi pleures-tu ? » Elle leur répond : « On a enlevé mon Seigneur, et je ne sais pas où on l'a déposé. » Ayant dit cela, elle se retourna ; elle aperçoit Jésus qui se tenait là, mais elle ne savait pas que c'était Jésus. Jésus lui dit : « Femme, pourquoi pleures-tu ? Qui cherches-tu ? » Le prenant pour le jardinier, elle lui répond : « Si c'est toi qui l'as emporté, dis-moi où tu l'as déposé, et moi, j'irai le prendre. » Jésus lui dit alors : « Marie ! » S'étant retournée, elle lui dit en hébreu : « Rabbouni ! », c'est-à-dire : Maître. Jésus reprend : « Ne me retiens pas, car je ne suis pas encore monté vers le Père. Va trouver mes frères pour leur dire que je monte vers mon Père et votre Père, vers mon Dieu et votre Dieu. » Marie Madeleine s'en va donc annoncer aux disciples : « J'ai vu le Seigneur ! », et elle raconta ce qu'il lui avait dit.

Prière sur les offrandes

Accepte, Seigneur, les offrandes que nous te présentons en faisant mémoire de la bienheureuse Marie Madeleine, puisque ton Fils unique voulut bien accepter le témoignage empressé de son amour. Lui qui… — ***Amen.***

Prière eucharistique

(Préface de Marie Madeleine)

Vraiment, il est juste et bon, pour ta gloire et notre salut, de te célébrer en toute chose, toi, le Père tout-puissant, dont la puissance n'a d'égale que la miséricorde, par le Christ, notre Seigneur. Au jardin, il s'est manifesté à Marie Madeleine, il est apparu à celle qui l'avait aimé en cette vie et vu mourir sur la croix, elle qui le chercha quand il gisait dans le tombeau, et, la première, l'adora quand il ressuscita d'entre les morts. Il lui confia la charge et l'honneur d'être l'apôtre des Apôtres, pour que la joyeuse annonce de la vie nouvelle parvienne aux limites du monde. C'est pourquoi nous aussi, avec les anges et tous les saints, nous te louons, Seigneur, et, dans l'allégresse, nous proclamons : ***Saint ! Saint ! Saint…***

Antienne de la communion

L'amour du Christ nous saisit,
afin que les vivants n'aient plus
leur vie centrée sur eux-mêmes,
mais sur lui, qui est mort
et ressuscité pour eux. (2 Co 5, 14.15)

Prière après la communion

Que la communion à tes mystères, Seigneur, nous remplisse de cet amour sans défaillance qui a lié pour toujours la bienheureuse Marie Madeleine à son maître, le Christ. Lui qui… ***— Amen.***

INVITATION

Je pourrais me procurer un ouvrage sur Marie Madeleine, par exemple sur ses représentations dans l'art.

COMMENTAIRE

La bien-nommée

Jean 20, 1.11-18

L'aurore du matin de Pâques pointe en ce jour de fête de « l'apôtre des Apôtres ». Marie Madeleine a vu le cadavre de Jésus, la pierre fermant le tombeau, mais son désir l'emporte sur la raison. Laver la souillure du supplice, parfumer une dernière fois le corps du Maître, l'envelopper de douceur… Dans le jardin de la Résurrection, c'est le Vivant qu'elle rencontre, celui qui a traversé « les ravins de la mort » (Ps 22, 4) et appelle chacun par son nom. ■

Bénédicte de la Croix, cistercienne

✻ CLÉ DE LECTURE

« Créature nouvelle »

2 Corinthiens 5, 17 *(p. 150)*

Paul décrit ici la transformation radicale que le Christ a introduite dans l'histoire : une réconciliation des êtres humains avec Dieu, telle que nous sommes désormais réajustés à lui, pardonnés de toutes nos déviances, puisque Dieu nous contemple sur le visage aimant de son Fils. Au fond, ce qu'il a annoncé sous la forme de la Résurrection, Paul le dit ici autrement. Mais il faut préciser : de façon exacte, le terme grec qu'il utilise ne désigne pas une créature (un être ou un objet créé), mais bien une création : un dynamisme, une force qui fait de chacun un être nouveau, et qui inscrit la vie du croyant dans un puissant mouvement de renouvellement et de résurrection. Au jour le jour, chacun de nous est invité à devenir une « création nouvelle ». ■

Roselyne Dupont-Roc, bibliste

DIMANCHE 23 JUILLET 2023

16E DIMANCHE DU TEMPS ORDINAIRE

ANNÉE A – COULEUR LITURGIQUE : VERT

« Le royaume des Cieux est comparable à une graine de moutarde. »
Matthieu 13, 31

© Gaëtan Évrard

Aujourd'hui encore, nous louons le Père pour sa patience, pour sa sagesse, pour sa miséricorde, manifestées en Jésus Christ et agissantes en nos vies, par la grâce de l'Esprit Saint. Ayons confiance, le Seigneur nous redonne force et espérance. Ouvrons nos cœurs à son amour qui, toujours, nous pardonne.

RITES INITIAUX

Chant d'entrée *(Suggestions p. 255)*
OU
Antienne d'ouverture
Voici que Dieu vient à mon aide, le Seigneur est le soutien de mon âme. De grand cœur, je t'offrirai le sacrifice, je confesserai ton nom, car il est bon ! (cf. Ps 53, 6.8)

Suggestion de préparation pénitentielle *(ou p. 223)*
Frères et sœurs, rassemblés par Dieu « lent à la colère et plein d'amour », reconnaissons que nous sommes pécheurs et invoquons son pardon.

Seigneur Jésus, visage du Père et Parole de vie, tu pardonnes nos infidélités. Kyrie, eleison.
– Kyrie, eleison.
Ô Christ, offert en sacrifice pour sauver tous les pécheurs, tu nous fais miséricorde. Christe, eleison.
– Christe, eleison.
Seigneur, Fils de Dieu, semeur du Royaume sur la terre, tu nous donnes la force de ton Esprit. Kyrie, eleison.
– Kyrie, eleison.

Que Dieu tout-puissant nous fasse miséricorde ; qu'il nous pardonne nos péchés et nous conduise à la vie éternelle. ***– Amen.***

Gloire à Dieu *(p. 225)*

Prière

Sois favorable à tes fidèles, Seigneur, et, dans ta bonté, multiplie pour eux les dons de ta grâce, afin que, brûlant de charité, de foi et d'espérance, ils soient toujours vigilants pour garder tes commandements. Par Jésus… ***– Amen.***

LITURGIE DE LA PAROLE

Lecture du livre de la Sagesse (12, 13.16-19)

« Après la faute tu accordes la conversion »

Il n'y a pas d'autre dieu que toi, qui prenne soin de toute chose : tu montres ainsi que tes jugements ne sont pas injustes. Ta force est à l'origine de ta justice, et ta domination sur toute chose te permet d'épargner toute chose. Tu montres ta force si l'on ne croit pas à la plénitude de ta puissance, et ceux qui la bravent sciemment, tu les réprimes. Mais toi qui disposes de la force, tu juges avec indulgence, tu nous gouvernes avec beaucoup de ménagement, car tu n'as qu'à vouloir pour exercer ta puissance. Par ton exemple tu as enseigné à ton peuple que le juste doit être humain ; à tes fils tu as donné une belle espérance : après la faute tu accordes la conversion.

– Parole du Seigneur.

Psaume 85 (86)

℟ ***Toi qui es bon et qui pardonnes, écoute ma prière, Seigneur.***

T. : AELF ; M. : T. Ospital ; Éd. : ADF.

Toi qui es bon et qui pardonnes,
plein d'amour pour tous ceux qui t'appellent,
écoute ma prière, Seigneur,
entends ma voix qui te supplie. ℟

Toutes les nations, que tu as faites,
viendront se prosterner devant toi,
car tu es grand et tu fais des merveilles,
toi, Dieu, le seul. ℟

Toi, Seigneur, Dieu de tendresse et de pitié,
lent à la colère, plein d'amour et de vérité !
Regarde vers moi,
prends pitié de moi. ℟

Retrouvez
ce psaume sur le CD
"Les psaumes
de l'année A"

Lecture de la lettre de saint Paul apôtre aux Romains (8, 26-27)

« L'Esprit lui-même intercède par des gémissements inexprimables »

Frères, l'Esprit Saint vient au secours de notre faiblesse, car nous ne savons pas prier comme il faut. L'Esprit lui-même intercède pour nous par des gémissements inexprimables. Et Dieu, qui scrute les cœurs, connaît les intentions de l'Esprit puisque c'est selon Dieu que l'Esprit intercède pour les fidèles.

– Parole du Seigneur.

Acclamation de l'Évangile

Alléluia. Alléluia. Tu es béni, Père, Seigneur du ciel et de la terre, tu as révélé aux tout-petits les mystères du Royaume ! ***Alléluia.***

U 30 ; M. : J. Berthier ; Psalmodie : P. Robert ; Fleurus.

Évangile de Jésus Christ selon saint Matthieu (13, 24-43)

(Lecture brève : 13, 24-30)

« Laissez-les pousser ensemble jusqu'à la moisson »

En ce temps-là, Jésus proposa cette parabole à la foule : « Le royaume des Cieux est comparable à un homme qui a semé du bon grain dans son champ. Or, pendant que les gens dormaient, son ennemi survint ; il sema de l'ivraie au milieu du blé et s'en alla. Quand la tige poussa et produisit l'épi, alors l'ivraie apparut aussi. Les serviteurs du maître vinrent lui dire : "Seigneur, n'est-ce pas du bon grain que tu as semé dans ton champ ? D'où vient donc qu'il y a de l'ivraie ?" Il leur dit : "C'est un ennemi qui a fait cela." Les serviteurs lui disent : "Veux-tu donc que nous allions l'enlever ?" Il répond : "Non, en enlevant l'ivraie, vous risquez d'arracher le blé en même temps. Laissez-les pousser ensemble jusqu'à la moisson ; et, au temps de la moisson, je dirai aux moissonneurs : Enlevez d'abord l'ivraie, liez-la en bottes pour la brûler ; quant au blé, ramassez-le pour le rentrer dans mon grenier." »

Fin de la lecture brève

Il leur proposa une autre parabole : « Le royaume des Cieux est comparable à une graine de moutarde qu'un homme a prise et qu'il a semée dans son champ. C'est la plus petite de toutes les semences, mais, quand elle a poussé, elle dépasse les autres plantes potagères et devient un arbre, si bien que les oiseaux du ciel viennent et font leurs nids dans ses branches. » Il leur dit une autre parabole : « Le royaume des Cieux est comparable au levain qu'une femme a pris et qu'elle a enfoui dans trois mesures de farine, jusqu'à ce que toute la pâte ait levé. »

Tout cela, Jésus le dit aux foules en paraboles, et il ne leur disait rien sans parabole, accomplissant ainsi la parole du prophète : *J'ouvrirai la bouche pour des paraboles, je publierai ce qui fut caché depuis la fondation du monde.* Alors, laissant les foules, il vint à la maison. Ses disciples s'approchèrent et lui dirent : « Explique-nous clairement la parabole de l'ivraie dans le champ. » Il leur répondit : « Celui qui sème le bon grain, c'est le Fils de l'homme ; le champ, c'est le monde ; le bon grain, ce sont les fils du Royaume ; l'ivraie, ce sont les fils du Mauvais. L'ennemi qui l'a semée, c'est le diable ; la moisson, c'est la fin du monde ; les moissonneurs, ce sont les anges. De même que l'on enlève l'ivraie pour la jeter au feu, ainsi en sera-t-il à la fin du monde. Le Fils de l'homme enverra ses anges, et ils enlèveront de son Royaume toutes les causes de chute et ceux qui font le mal ; ils les jetteront dans la fournaise : là, il y aura des pleurs et des grincements de dents. Alors les justes resplendiront comme le soleil dans le royaume de leur Père.

« Celui qui a des oreilles, qu'il entende ! »

Homélie

Profession de foi (p. 226)

Suggestion de prière universelle

Le prêtre :

Frères et sœurs, en ce dimanche, tournons-nous vers Dieu notre Père. Prions-le pour tous les habitants de la terre.

℟ ***Dieu de toute grâce, viens à notre secours.***

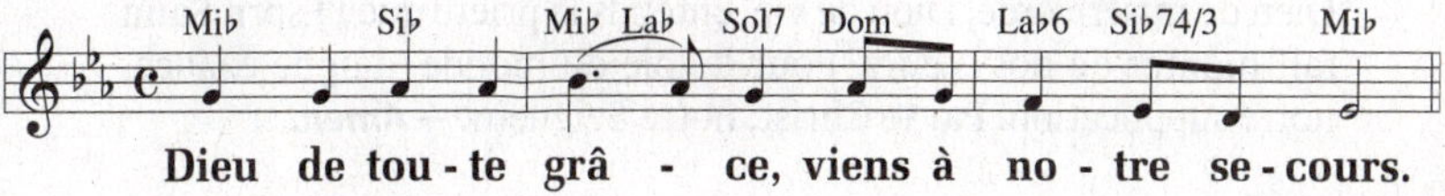

Bayard Liturgie ; T. : D. Lang ; M. : G. Notebaert.

Le diacre ou un lecteur :

Père, nous te rendons grâce pour les personnes âgées et les grands-parents qui transmettent aux plus jeunes leur joie de croire. Veille sur eux et donne-leur ton amour, nous t'en prions. ℟

Dieu Créateur, nous te rendons grâce pour les acteurs de la pastorale du tourisme et tous ceux qui prennent soin de la Création. Ouvre leurs cœurs à l'émerveillement, nous t'en prions. ℟

Dieu de bonté, nous te rendons grâce pour les travailleurs de la terre qui nourrissent l'humanité. Accorde-leur courage et dignité, nous t'en prions. ℟

Père de tendresse, nous te rendons grâce pour tous les jeunes qui vont participer aux Journées mondiales de la jeunesse. Donne-leur l'espérance d'un monde plus beau, nous t'en prions. ℟

(Ces intentions seront adaptées ou modifiées selon les circonstances.)

Le prêtre :

Dieu de miséricorde, Dieu de vie, entends la prière que l'Esprit Saint fait monter de nos cœurs. Pour la joie du monde, daigne exaucer notre supplication. Par le Christ, notre Seigneur. – ***Amen.***

LITURGIE EUCHARISTIQUE

Prière sur les offrandes

Seigneur Dieu, dans le sacrifice unique et parfait de ton Fils, tu as porté à leur achèvement les multiples sacrifices de l'ancienne Loi ; reçois maintenant le sacrifice offert par tes fidèles serviteurs et sanctifie-le comme tu as béni les présents d'Abel : que les dons offerts par chacun pour honorer ta gloire servent au salut de tous. Par le Christ, notre Seigneur. – ***Amen.***

Prière eucharistique *(Préface des dimanches, p. 229)*

Chant de communion *(Suggestions p. 255)*

OU

Antienne de la communion

Le Seigneur est tendresse et pitié ;
de ses merveilles il a laissé un mémorial.
Il a donné des vivres à ceux qui le craignent.
(cf. Ps 110, 4-5)

OU

Voici que je me tiens à la porte, et je frappe,
dit le Seigneur. Si quelqu'un entend ma voix,
et ouvre la porte, j'entrerai chez lui ;
je prendrai mon repas avec lui, et lui avec moi.
(Ap 3, 20)

Prière après la communion

Dans ta bienveillance, reste auprès de ton peuple, nous t'en prions, Seigneur ; puisque tu l'as initié aux sacrements du ciel, fais-le passer de ce qui est ancien à la vie nouvelle. Par le Christ, notre Seigneur.
— Amen.

RITE DE CONCLUSION

Bénédiction

Envoi

COMMENTAIRE DU DIMANCHE

Jean-Paul Sagadou, prêtre assomptionniste,
rédacteur en chef de *Prions en Église* Afrique

La mystique du semeur

Le semeur sème les graines qui tombent, germent ou meurent dans des endroits inattendus. Il n'est pas sûr de jouir du fruit de son travail. Sa philosophie est celle de la gratuité, de la charité et de l'espérance. C'est un homme d'espérance qui œuvre pour que le lendemain soit un jour meilleur. Il accepte que le bon grain et l'ivraie poussent ensemble, pour ensuite enlever l'ivraie et la jeter au feu. Comme lui, nous devons aussi semer l'Évangile dans notre monde, malgré ce qu'il semble contenir de mauvais. Ensuite, il faut laisser à Dieu le soin de contrôler la germination et l'accroissement. Le Mal est dans le monde. Il y a l'ivraie dans l'Église et plus encore au fond de chaque homme. Au demeurant, le fait que Dieu laisse pousser l'ivraie au milieu du bon grain ne peut que déranger notre désir de perfection. Face à la présence mystérieuse du Mal dans le monde, le chrétien ne doit pas vivre de résignation et de désespoir, mais de combat et d'espérance. Du reste, le plus important pour lui n'est pas d'expliquer le Mal, mais de s'en libérer. La victoire sur les puissances des ténèbres a été définitivement acquise par la mort et la résurrection du Christ. Désormais, nous avons à vivre de la mystique du semeur : agir, faire ce que nous avons à faire et, pour le reste, faire confiance à Dieu, le maître de la nature.

Qu'est-ce qui m'interpelle le plus dans la figure du semeur ?

Qu'est-ce que la parabole du semeur nous dit du royaume de Dieu ? ■

Prions en Église
Junior

LIRE L'ÉVANGILE AVEC LES ENFANTS

CE QUE JE DÉCOUVRE

Pour parler de Dieu et de son royaume, Jésus utilise des paraboles. Ces histoires nous aident à découvrir la présence de Dieu dans notre vie. Le bon grain et l'ivraie (la mauvaise herbe) nous parlent du royaume de Dieu. **En chacun de nous, il y a du bon grain et de l'ivraie.** Dieu regarde toujours ce qu'il y a de meilleur en nous. Mais il nous invite à veiller sur la terre de notre cœur, à accueillir sa parole en nous. **Ne laissons pas notre cœur être envahi par la mauvaise herbe.**

Textes : S. Pelloux-Prayer, C. Kuntz. Illustration : M. Truong

CE QUE JE VIS

Dans la parabole, quand est-ce que le bon grain et l'ivraie seront séparés ?

Et toi, **quels sont les bons grains que Dieu a mis en toi ?** Écris une prière à Dieu en lui disant merci pour trois bons grains, trois qualités, qu'il a mises en toi.

MÉDITATION BIBLIQUE

16E DIMANCHE DU TEMPS ORDINAIRE

Lettre de saint Paul aux Romains 8, 26-27

Esprit Saint et prière

Le chapitre 8 de la lettre de saint Paul aux Romains nous donne de précieux enseignements sur la prière. Certains versets nous font prendre du recul par rapport à notre prière consciente, à l'aridité que nous pouvons parfois ressentir, pour déplacer notre attention sur la prière de l'Esprit en nous.

Le temps de la préparation

« Écoute ma prière, Seigneur, entends ma voix qui te supplie. » (Ps 85, 6)

Le temps de l'observation

Paul part de l'expérience de notre faiblesse dans la prière. La prière est un lieu de vérité et l'horizon qu'elle nous ouvre dépasse nos seuls repères humains. Si nous lisons les versets qui précèdent la deuxième lecture, nous voyons en effet qu'elle est liée à l'espérance de la pleine réalisation de notre adoption filiale et de « la délivrance de notre corps » du pouvoir de la mort. La prière évoquée ici relève de la demande, de la supplication. Elle nous met en présence de ce Dieu dont Paul a fait l'expérience, l'évoquant en ces termes : « Quelle profondeur dans la richesse, la sagesse […] de Dieu ! ...

••• Ses décisions sont insondables, ses chemins sont impénétrables » (Rm 11, 33). Rien d'étonnant, donc, à ce que nous ne sachions pas prier comme il faut. Ce qui serait décourageant, n'était l'inhabitation de l'Esprit qui fait sourdre en nous le désir de Dieu, suscite notre prière, intercède pour nous avec « des gémissements inexprimables ».

Le temps de la méditation

Paul nous renvoie à une expérience que nous connaissons bien : celle de ne pas savoir quoi demander, qu'il s'agisse de nous ou des autres. Paul lui-même rapporte ce qu'il a vécu quant à l'épine dans la chair dont il demandait à être délivré – ce que Dieu ne lui a pas accordé, pour un bien plus grand (2 Co 12, 9). Voilà pourquoi la tradition spirituelle a toujours considéré le Notre Père comme la prière la plus ajustée – en ce sens qu'elle demande l'accomplissement de la volonté de Dieu, la sanctification de son nom et la venue de son règne. Ce qui ne disqualifie pas nos balbutiements et nos demandes parfois trop influencées par notre propre conception de ce qui est bon pour nous et pour autrui. En effet, Dieu entend la prière du pauvre, il ne méprise pas « un cœur brisé et broyé » (Ps 50, 19). Sans oublier que la prière nous transforme en nous ouvrant toujours plus à l'Esprit. « L'Esprit qui donne de prier [ne nous est-il pas] donné dans la prière » (*L'Esprit saint de Dieu*, F.-X. Durrwell, Le Cerf) ?

Le temps de la prière

« Toi, Seigneur, Dieu de tendresse et de pitié […] ! Regarde vers moi, prends pitié de moi. » (Ps 85, 15-16) ■

Emmanuelle Billoteau, ermite

L'ÉVÉNEMENT

PHASE DIOCÉSAINE DES JOURNÉES MONDIALES DE LA JEUNESSE

Rendez-vous à Lisbonne

Les 37e Journées mondiales de la jeunesse commencent dès cette semaine. Pour certains des 30 000 jeunes Français qui participent à l'événement de l'été, le chemin vers Lisbonne (Portugal) passe par Lourdes (65) ou Alicante (Espagne).

Des milliers de jeunes sont attendus aux Journées mondiales de la jeunesse (JMJ) de Lisbonne. Si certains y vont directement, d'autres rejoignent des groupes proposant un programme original.

Une pause à Lourdes

Lourdes est sur la route du Portugal. Avant et après les JMJ, des jeunes y feront une pause pour préparer ou relire leur expérience. Pour sœur Marie-Valérie Lagarrigue, responsable du Service •••

© V. Fischer/Sanctuaires de Lourdes

national pour l'évangélisation des jeunes et pour les vocations : « Le thème des JMJ s'inscrit dans la route que Marie a suivie vers la maison de sa cousine Élisabeth. Les JMJ sont un pèlerinage, et une belle invitation à marcher avec Marie pour rejoindre ceux qui nous accueillent et ceux qui nous attendent au retour ! Y réfléchir à Lourdes, quelle grâce ! »

Au service en Espagne

La famille de l'Assomption propose aussi de réunir, à Alicante (Espagne), les 200 jeunes venus de plusieurs pays où cette famille religieuse est implantée. Pour, « pendant une semaine avant d'arriver à Lisbonne, se rencontrer et servir les personnes les plus pauvres de la paroisse assomptionniste de la ville. Il y aura des temps de prière, de réflexion et bien sûr… la fiesta ! », sourit le frère Romel Bautista, l'un des responsables. Cet été, tous les chemins mènent à Lisbonne ! ■

Sébastien Antoni,
journaliste

TOUTES LES ROUTES MÈNENT À LISBONNE

Le chemin vers Lisbonne est l'occasion de propositions variées : une route est proposée pour les jeunes sourds, une autre pour les jeunes porteurs de handicap mental. Certains découvrent l'oraison avec l'institut Notre-Dame de Vie, d'autres la spiritualité dominicaine avec l'Ordre des prêcheurs. Des jeunes rejoignent Lisbonne en 4L, à moto ou en voilier… Mais la plupart des participants aux JMJ passent une semaine dans les diocèses du Portugal avant le rassemblement pour découvrir la foi et la culture locales.

LUNDI 24 JUILLET 2023

16[E] SEMAINE DU TEMPS ORDINAIRE COULEUR LITURGIQUE : VERT

Temps ordinaire, *suggestion d'oraisons et d'antiennes n° 26*
ou **saint Charbel Makhlouf**

Antienne d'ouverture

Tout ce que tu nous as infligé, Seigneur, tu l'as fait par un jugement de vérité, car nous avons péché contre toi, nous n'avons pas obéi à tes commandements ; mais glorifie ton nom, et agis envers nous selon l'abondance de ta miséricorde. (cf. Dn 3, 31.29.30.43.42)

Prière

Seigneur Dieu, quand tu pardonnes et prends pitié, tu manifestes au plus haut point ta toute-puissance ; multiplie pour nous les dons de ta grâce : alors, en nous hâtant vers les biens que tu promets, nous aurons part au bonheur du ciel. Par Jésus… ***– Amen.***

23 - 29

Lecture

du livre de l'Exode (14, 5-18)

« Les Égyptiens sauront que je suis le Seigneur, quand je me serai glorifié aux dépens de Pharaon »

En ces jours-là, on annonça au roi d'Égypte, que le peuple d'Israël s'était enfui. Alors Pharaon et ses serviteurs changèrent de sentiment envers ce peuple. Ils dirent : « Qu'avons-nous fait en laissant

partir Israël : il ne sera plus à notre service ! » Pharaon fit atteler son char et rassembler ses troupes ; il prit six cents chars d'élite et tous les chars de l'Égypte, chacun avec son équipage. Le Seigneur fit en sorte que s'obstine Pharaon, roi d'Égypte, qui se lança à la poursuite des fils d'Israël, tandis que ceux-ci avançaient librement. Les Égyptiens, tous les chevaux, les chars de Pharaon, ses guerriers et son armée, les poursuivirent et les rejoignirent alors qu'ils campaient au bord de la mer, près de Pi-Hahiroth, en face de Baal-Sefone.
Comme Pharaon approchait, les fils d'Israël regardèrent et, voyant les Égyptiens lancés à leur poursuite, ils eurent très peur, et ils crièrent vers le Seigneur. Ils dirent à Moïse : « L'Égypte manquait-elle de tombeaux, pour que tu nous aies emmenés mourir dans le désert ? Quel mauvais service tu nous as rendu en nous faisant sortir d'Égypte ! C'est bien là ce que nous te disions en Égypte : "Ne t'occupe pas de nous, laisse-nous servir les Égyptiens. Il vaut mieux les servir que de mourir dans le désert !" » Moïse répondit au peuple : « N'ayez pas peur ! Tenez bon ! Vous allez voir aujourd'hui ce que le Seigneur va faire pour vous sauver ! Car, ces Égyptiens que vous voyez aujourd'hui, vous ne les verrez plus jamais. Le Seigneur combattra pour vous, et vous, vous n'aurez rien à faire. » Le Seigneur dit à Moïse : « Pourquoi crier vers moi ? Ordonne aux fils d'Israël de se mettre en route ! Toi, lève ton bâton, étends le bras sur la mer, fends-la en deux, et que les fils d'Israël entrent au milieu de la mer à pied sec. Et moi, je ferai en sorte que les Égyptiens s'obstinent : ils y entreront derrière eux ; je me glorifierai aux dépens de Pharaon et de toute son armée, de ses chars et de ses guerriers. Les Égyptiens sauront que

je suis le Seigneur, quand je me serai glorifié aux dépens de Pharaon, de ses chars et de ses guerriers. »
– Parole du Seigneur.

Cantique (Exode 15, 1, 2, 3-4a, 4b-5, 6)

℟ ***Chantons pour le Seigneur ! Éclatante est sa gloire !***

Je chanterai pour le Seigneur !
Éclatante est sa gloire :
il a jeté dans la mer
cheval et cavalier ! ℟

Ma force et mon chant, c'est le Seigneur :
il est pour moi le salut.
Il est mon Dieu, je le célèbre ;
j'exalte le Dieu de mon père. ℟

Le Seigneur est le guerrier des combats ;
son nom est « Le Seigneur ».
Les chars du Pharaon et ses armées,
il les lance dans la mer. ℟

L'élite de leurs chefs a sombré
dans la mer Rouge.
L'abîme les recouvre :
ils descendent, comme la pierre,
au fond des eaux. ℟

Ta droite, Seigneur,
magnifique en sa force,
ta droite, Seigneur,
écrase l'ennemi. ℟

Acclamation de l'Évangile

Alléluia. Alléluia. Aujourd'hui, ne fermez pas votre cœur, mais écoutez la voix du Seigneur. ***Alléluia.***

Évangile de Jésus Christ

selon saint Matthieu (12, 38-42)

« Lors du Jugement, la reine de Saba se dressera en même temps que cette génération »

En ce temps-là, quelques-uns des scribes et des pharisiens adressèrent la parole à Jésus : « Maître, nous voulons voir un signe venant de toi. » Il leur répondit : « Cette génération mauvaise et adultère réclame un signe, mais, en fait de signe, il ne lui sera donné que le signe du prophète Jonas. En effet, comme Jonas est resté dans le ventre du monstre marin trois jours et trois nuits, le Fils de l'homme restera de même au cœur de la terre trois jours et trois nuits. Lors du Jugement, les habitants de Ninive se lèveront en même temps que cette génération, et ils la condamneront ; en effet, ils se sont convertis en réponse à la proclamation faite par Jonas, et il y a ici bien plus que Jonas. Lors du Jugement, la reine de Saba se dressera en même temps que cette génération, et elle la condamnera ; en effet, elle est venue des extrémités de la terre pour écouter la sagesse de Salomon, et il y a ici bien plus que Salomon. »

Prière sur les offrandes

Dieu de miséricorde, nous t'en prions, accueille cette offrande que nous te présentons : qu'elle ouvre largement pour nous la source de toute bénédiction. Par le Christ, notre Seigneur. — ***Amen.***

Antienne de la communion
Rappelle-toi ta parole à ton serviteur, Seigneur, celle dont tu fis mon espoir. Elle est ma consolation dans mon épreuve. (Ps 118, 49-50)
OU
Voici comment nous avons reconnu l'amour : lui, Jésus, a donné sa vie pour nous. Nous aussi, nous devons donner notre vie pour nos frères. (1 Jn 3, 16)

Prière après la communion
Que le sacrement du ciel, Seigneur, guérisse nos esprits et nos corps, afin qu'annonçant la mort du Christ et participant à ses souffrances, nous héritions avec lui de sa gloire. Lui qui… ***— Amen.***

INVITATION

Que vais-je offrir gratuitement aujourd'hui ? Un sourire, du temps… ?

COMMENTAIRE

Signe particulier Matthieu 12, 38-42

Croire au Christ, c'est attester que l'attente du peuple élu a trouvé sa réalisation : le Dieu qui a choisi Israël veut se faire connaître à tous les peuples. Face aux pharisiens qui veulent des preuves « à leur mesure », Jésus s'identifie à Jonas dont la prédication a retourné le cœur d'une capitale étrangère. Voici le signe attendu depuis l'Exode : que les nations païennes « sachent » qui est Dieu. ■

***Jean-Marc Liautaud**, Fondacio*

MARDI 25 JUILLET 2023

COULEUR LITURGIQUE : ROUGE

Saint Jacques le Majeur

Ier siècle. Témoin, avec Pierre et Jean, de la Transfiguration et de l'agonie de Jésus, il fut le premier Apôtre à être martyrisé. Vénéré depuis fort longtemps à Compostelle.

Antienne d'ouverture

Comme il marchait le long de la mer de Galilée,
Jésus vit Jacques, fils de Zébédée, et Jean son frère,
en train de réparer leurs filets, et il les appela. (cf. Mt 4, 18.21)

Gloire à Dieu *(p. 225)*

Prière

Dieu éternel et tout-puissant, tu as consacré l'offrande du bienheureux Jacques, le premier de tes Apôtres à verser pour toi son sang ; accorde à ton Église de trouver dans son témoignage une force, et dans sa protection un appui constant. Par Jésus… — ***Amen.***

Lectures propres à la fête de saint Jacques le Majeur.

Lecture

de la deuxième lettre de saint Paul apôtre aux Corinthiens (4, 7-15)

« Nous portons, dans notre corps, la mort de Jésus »

Frères, nous portons un trésor comme dans des vases d'argile ; ainsi, on voit bien que cette puissance extraordinaire appartient à Dieu et ne vient pas de nous. En toute circonstance, nous sommes dans la

détresse, mais sans être angoissés ; nous sommes déconcertés, mais non désemparés ; nous sommes pourchassés, mais non pas abandonnés ; terrassés, mais non pas anéantis. Toujours nous portons, dans notre corps, la mort de Jésus, afin que la vie de Jésus, elle aussi, soit manifestée dans notre corps. En effet, nous, les vivants, nous sommes continuellement livrés à la mort à cause de Jésus, afin que la vie de Jésus, elle aussi, soit manifestée dans notre condition charnelle vouée à la mort. Ainsi la mort fait son œuvre en nous, et la vie en vous. L'Écriture dit : *J'ai cru, c'est pourquoi j'ai parlé.* Et nous aussi, qui avons le même esprit de foi, nous croyons, et c'est pourquoi nous parlons. Car, nous le savons, celui qui a ressuscité le Seigneur Jésus nous ressuscitera, nous aussi, avec Jésus, et il nous placera près de lui avec vous. Et tout cela, c'est pour vous, afin que la grâce, plus largement répandue dans un plus grand nombre, fasse abonder l'action de grâce pour la gloire de Dieu.
– Parole du Seigneur.

Psaume 125 (126)

℟ ***Ceux qui sèment dans les larmes moissonnent dans la joie.***

Quand le Seigneur ramena
les captifs à Sion,
nous étions comme en rêve !
Alors notre bouche était pleine de rires,
nous poussions des cris de joie. ℟

Alors on disait parmi les nations :
« Quelles merveilles fait
pour eux le Seigneur ! »
Quelles merveilles le Seigneur fit pour nous :
nous étions en grande fête ! ℟

Ramène, Seigneur, nos captifs,
comme les torrents au désert.
Qui sème dans les larmes
moissonne dans la joie. R/

Il s'en va, il s'en va en pleurant,
il jette la semence ;
il s'en vient, il s'en vient dans la joie,
il rapporte les gerbes. R/

Acclamation de l'Évangile

Alléluia. Alléluia. C'est moi qui vous ai choisis du milieu du monde, afin que vous alliez, que vous portiez du fruit, et que votre fruit demeure, dit le Seigneur. ***Alléluia.***

Évangile de Jésus Christ

selon saint Matthieu (20, 20-28)

« Ma coupe, vous la boirez »

En ce temps-là, la mère de Jacques et de Jean, fils de Zébédée, s'approcha de Jésus avec ses fils Jacques et Jean, et elle se prosterna pour lui faire une demande. Jésus lui dit : « Que veux-tu ? » Elle répondit : « Ordonne que mes deux fils que voici siègent, l'un à ta droite et l'autre à ta gauche, dans ton Royaume. » Jésus répondit : « Vous ne savez pas ce que vous demandez. Pouvez-vous boire la coupe que je vais boire ? » Ils lui disent : « Nous le pouvons. » Il leur dit : « Ma coupe*, vous la boirez ; quant à siéger à ma droite et à ma gauche, ce n'est pas à moi de l'accorder ; il y a ceux pour qui cela est préparé par mon Père. »
Les dix autres, qui avaient entendu, s'indignèrent contre les deux frères. Jésus les appela et dit : « Vous le savez : les chefs des nations les commandent

en maîtres, et les grands font sentir leur pouvoir. Parmi vous, il ne devra pas en être ainsi : celui qui veut devenir grand parmi vous sera votre serviteur ; et celui qui veut être parmi vous le premier sera votre esclave. Ainsi, le Fils de l'homme n'est pas venu pour être servi, mais pour servir, et donner sa vie en rançon pour la multitude. »

Prière sur les offrandes

Purifie-nous, Seigneur, par la passion de ton Fils, puisqu'elle est le baptême qui nous sauve ; nous pourrons alors t'offrir un sacrifice agréable en la fête du bienheureux Jacques, le premier des Apôtres à boire à la coupe du Christ. Lui qui…

— Amen.

Préface des Apôtres, p. 232.

Antienne de la communion

Ils ont partagé la coupe
du Seigneur, et sont devenus
les amis de Dieu.

Prière après la communion

À la prière du bienheureux apôtre Jacques, viens à notre aide, Seigneur, en ce jour où pour célébrer sa fête nous avons reçu dans la joie tes dons sacrés. Par le Christ, notre Seigneur.

— Amen.

INVITATION

« J'ai cru, c'est pourquoi j'ai parlé. » Et si je participais
à une prochaine mission d'évangélisation sur le parvis, dans ma paroisse… ?

COMMENTAIRE

Apôtre serviteur

2 Corinthiens 4, 7-15 ; Matthieu 20, 20-28

Être apôtre, c'est laisser l'Esprit faire de nos personnes un lieu de passage, afin que la vie de Dieu gagne chez les autres. Cette existence témoigne que « la vie n'est pas le contraire de la mort, mais sa traversée permanente » (Elena Lasida). Par sa manière de se faire serviteur, en traversant les épreuves inévitables, l'apôtre donne à voir que la Résurrection est déjà à l'œuvre. ■

***Jean-Marc Liautaud**, Fondacio*

✼ CLÉ DE LECTURE

« Ma coupe »

Matthieu 20, 22 *(p. 178)*

Les fils de Zébédée espèrent encore que Jésus prendra le pouvoir et qu'ils en recevront leur part ! Mais Jésus leur renvoie une étrange exigence : pourront-ils boire la coupe avec lui ? Lors des repas juifs, la coupe présentée à chaque convive marquait la communion entre les hôtes. Ici, la coupe anticipe celle du dernier repas que Jésus prendra avec ses disciples, unique coupe à laquelle tous boiront et qui symbolise sa vie donnée, son sang versé. Certes, Jésus dans l'angoisse demandera au Père que cette coupe s'éloigne de lui, mais dans la confiance, il l'acceptera. Boire à sa coupe, c'est renoncer à tout pouvoir, c'est le suivre sur le chemin du service, du don de soi total qu'il a vécu en remettant sa vie entre les mains des hommes… et de Dieu. ■

***Roselyne Dupont-Roc**, bibliste*

MERCREDI 26 JUILLET 2023

16E SEMAINE DU TEMPS ORDINAIRE COULEUR LITURGIQUE : BLANC

Saint Joachim et sainte Anne

Selon la Tradition, Joachim et Anne furent les parents de la Vierge Marie. Leurs noms furent mentionnés pour la première fois dans le Protévangile de Jacques (IIe siècle).

Antienne d'ouverture

Louons Joachim et Anne pour leur descendance,
car le Seigneur leur a donné la bénédiction
promise à tous les peuples. (cf. Si 44, 1.25)

Prière

Seigneur, Dieu de nos Pères, tu as donné aux bienheureux Joachim et Anne la grâce d'engendrer celle qui deviendrait la mère de ton Fils, le Verbe fait chair ; accorde-nous, à leur commune prière, le salut que tu as promis à ton peuple. Par Jésus… ***– Amen.***

Lecture

du livre de l'Exode (16, 1-5.9-15)

« Du ciel, je vais faire pleuvoir du pain pour vous »

Toute la communauté des fils d'Israël partit d'Élim et atteignit le désert de Sine, entre Élim et le Sinaï, le quinzième jour du deuxième mois après sa sortie du pays d'Égypte. Dans le désert, toute la communauté des fils d'Israël récriminait contre Moïse et son frère Aaron. Les fils d'Israël leur dirent : « Ah ! Il aurait mieux valu mourir de la main du Seigneur, au pays d'Égypte, quand nous étions assis près des marmites de viande,

23 - 29

quand nous mangions du pain à satiété ! Vous nous avez fait sortir dans ce désert pour faire mourir de faim tout ce peuple assemblé ! » Le Seigneur dit à Moïse : « Voici que, du ciel, je vais faire pleuvoir du pain pour vous. Le peuple sortira pour recueillir chaque jour sa ration quotidienne, et ainsi je vais le mettre à l'épreuve : je verrai s'il marchera, ou non, selon ma loi. Mais, le sixième jour, quand ils feront le compte de leur récolte, ils trouveront le double de la ration quotidienne. » Moïse dit ensuite à Aaron : « Ordonne à toute la communauté des fils d'Israël : "Présentez-vous devant le Seigneur, car il a entendu vos récriminations." » Aaron parla à toute la communauté des fils d'Israël ; puis ils se tournèrent du côté du désert, et voici que la gloire du Seigneur apparut dans la nuée. Le Seigneur dit alors à Moïse : « J'ai entendu les récriminations des fils d'Israël. Tu leur diras : "Au coucher du soleil, vous mangerez de la viande et, le lendemain matin, vous aurez du pain à satiété. Alors vous saurez que moi, le Seigneur, je suis votre Dieu." »

Le soir même, surgit un vol de cailles qui recouvrirent le camp ; et, le lendemain matin, il y avait une couche de rosée autour du camp. Lorsque la couche de rosée s'évapora, il y avait, à la surface du désert, une fine croûte, quelque chose de fin comme du givre, sur le sol. Quand ils virent cela, les fils d'Israël se dirent l'un à l'autre : « *Mann hou ?* » (ce qui veut dire : Qu'est-ce que c'est ?), car ils ne savaient pas ce que c'était. Moïse leur dit : « C'est le pain que le Seigneur vous donne à manger. »

– Parole du Seigneur.

Psaume 77 (78)

℟ ***Le Seigneur donne le pain du ciel !***

Ils tentaient le Seigneur dans leurs cœurs,
ils réclamèrent de manger à leur faim.
Ils s'en prennent à Dieu et demandent :
« Dieu peut-il apprêter une table
au désert ? » ℟

Il commande aux nuées là-haut,
il ouvre les écluses du ciel :
pour les nourrir il fait pleuvoir la manne,
il leur donne le froment du ciel. ℟

Chacun se nourrit du pain des Forts,
il les pourvoit de vivres à satiété.
Dans le ciel, il pousse le vent d'est
et lance le grand vent du midi. ℟

Sur eux il fait pleuvoir une nuée d'oiseaux,
autant de viande que de sable
au bord des mers.
Elle s'abat au milieu de leur camp
tout autour de leurs demeures. ℟

Acclamation de l'Évangile

Alléluia. Alléluia. La semence est la parole de Dieu, le semeur est le Christ ; celui qui le trouve demeure pour toujours. ***Alléluia.***

Évangile de Jésus Christ

selon saint Matthieu (13, 1-9)

« Ils ont donné du fruit à raison de cent pour un »

Ce jour-là, Jésus était sorti de la maison, et il était assis au bord de la mer. Auprès de lui se rassemblèrent des foules si grandes qu'il monta dans une barque où il s'assit ; toute la foule se tenait sur le

rivage. Il leur dit beaucoup de choses en parabole : « Voici que le semeur sortit pour semer. Comme il semait, des grains sont tombés au bord du chemin, et les oiseaux sont venus tout manger. D'autres sont tombés sur le sol pierreux, où ils n'avaient pas beaucoup de terre ; ils ont levé aussitôt, parce que la terre était peu profonde. Le soleil s'étant levé, ils ont brûlé et, faute de racines, ils ont séché. D'autres sont tombés dans les ronces ; les ronces ont poussé et les ont étouffés. D'autres sont tombés dans la bonne terre, et ils ont donné du fruit à raison de cent, ou soixante, ou trente pour un. Celui qui a des oreilles, qu'il entende ! »

Prière sur les offrandes

Seigneur, nous t'en prions : accepte ce que nous t'offrons de grand cœur ; fais que nous ayons part à la bénédiction promise à Abraham et sa descendance. Par le Christ, notre Seigneur. **— *Amen.***

Préface des saints, p. 232.

Antienne de la communion

Ils ont obtenu, du Seigneur,
la bénédiction, et de Dieu
leur Sauveur, la miséricorde.
(cf. Ps 23, 5)

Prière après la communion

Seigneur Dieu, tu as voulu que ton Fils unique naisse de la famille humaine, pour que celle-ci, par un admirable mystère, renaisse de ta propre vie ; dans ta bonté, accorde à ceux que tu as nourris du pain de tes enfants d'être sanctifiés par ton esprit d'adoption. Par le Christ, notre Seigneur. **— *Amen.***

INVITATION

Aujourd'hui débutent au Portugal les « Journées dans les diocèses », le rassemblement des jeunes avant les Journées mondiales de la jeunesse (JMJ). Je peux prier pour les participants de ma paroisse.

COMMENTAIRE

Division du travail

Exode 16, 1-5.9-15 ; Matthieu 13, 1-9

Les textes de ce jour évoquent un Dieu qui travaille et ne ménage ni sa peine ni ses ressources pour faire gagner la vie. En plein désert, il déploie sa créativité pour nourrir son peuple à sa manière. Le semeur de l'évangile, quant à lui, va jusqu'à gaspiller une partie du grain qu'il répand afin de ne manquer aucune once de bonne terre, sûr que la récolte compensera largement la perte consentie. ■

***Jean-Marc Liautaud,** Fondacio*

JEUDI 27 JUILLET 2023

16[E] SEMAINE DU TEMPS ORDINAIRE COULEUR LITURGIQUE : VERT

Temps ordinaire, *suggestion d'oraisons et d'antiennes n° 27*

Antienne d'ouverture

Seigneur, tout est soumis à ta volonté, personne ne peut s'opposer à toi, car c'est toi qui as fait le ciel et la terre et toutes les merveilles qui sont sous le ciel. Tu es le Seigneur de l'univers. (Est 4, 17)

Prière

Dieu éternel et tout-puissant, dans ta tendresse inépuisable, tu combles ceux qui t'implorent, bien au-delà de leurs mérites et de leurs désirs ; répands sur nous ta miséricorde en délivrant notre conscience de ce qui l'inquiète et en donnant plus que nous n'osons demander. Par Jésus… ***— Amen.***

Lecture

du livre de l'Exode (19, 1-2.9-11.16-20b)

« En présence de tout le peuple, le Seigneur descendra sur la montagne du Sinaï »

Le troisième mois qui suivit la sortie d'Égypte, jour pour jour, les fils d'Israël arrivèrent dans le désert du Sinaï. C'est en partant de Rephidim qu'ils arrivèrent dans ce désert, et ils y établirent leur camp juste en face de la montagne. Le Seigneur dit à Moïse : « Je vais venir vers toi dans l'épaisseur de la nuée, pour que le peuple, qui m'entendra te parler,

mette sa foi en toi, pour toujours. » Puis Moïse transmit au Seigneur les paroles du peuple. Le Seigneur dit encore à Moïse : « Va vers le peuple; sanctifie-le, aujourd'hui et demain; qu'ils lavent leurs vêtements, pour être prêts le troisième jour; car, ce troisième jour, en présence de tout le peuple, le Seigneur descendra sur la montagne du Sinaï. »
Le troisième jour, dès le matin, il y eut des coups de tonnerre, des éclairs, une lourde nuée sur la montagne, et une puissante sonnerie de cor; dans le camp, tout le peuple trembla. Moïse fit sortir le peuple hors du camp, à la rencontre de Dieu, et ils restèrent debout au pied de la montagne. La montagne du Sinaï était toute fumante, car le Seigneur y était descendu dans le feu; la fumée montait, comme la fumée d'une fournaise, et toute la montagne tremblait violemment. La sonnerie du cor était de plus en plus puissante. Moïse parlait, et la voix de Dieu lui répondait. Le Seigneur descendit sur le sommet du Sinaï, il appela Moïse sur le sommet de la montagne.
– Parole du Seigneur.

Cantique (Daniel 3, 52, 53, 54, 55, 56)

℟ ***À toi, louange et gloire éternellement !***

Béni sois-tu, Seigneur, Dieu de nos pères : ℟
Béni soit le nom très saint de ta gloire : ℟
Béni sois-tu dans ton saint temple de gloire : ℟
Béni sois-tu sur le trône de ton règne : ℟

Béni sois-tu, toi qui sondes les abîmes : ℟
Toi qui sièges au-dessus des Kéroubim : ℟
Béni sois-tu au firmament, dans le ciel : ℟

Acclamation de l'Évangile

Alléluia. Alléluia. Tu es béni, Père, Seigneur du ciel et de la terre, tu as révélé aux tout-petits les mystères du Royaume ! ***Alléluia.***

Évangile de Jésus Christ

selon saint Matthieu (13, 10-17)

« À vous il est donné de connaître les mystères du royaume des Cieux, mais ce n'est pas donné à ceux-là »

En ce temps-là, les disciples s'approchèrent de Jésus et lui dirent : « Pourquoi leur parles-tu en paraboles ? » Il leur répondit : « À vous il est donné de connaître les mystères du royaume des Cieux, mais ce n'est pas donné à ceux-là. À celui qui a, on donnera, et il sera dans l'abondance ; à celui qui n'a pas, on enlèvera même ce qu'il a. Si je leur parle en paraboles, c'est parce qu'ils regardent sans regarder, et qu'ils écoutent sans écouter ni comprendre.

Ainsi s'accomplit pour eux la prophétie d'Isaïe : *Vous aurez beau écouter, vous ne comprendrez pas. Vous aurez beau regarder, vous ne verrez pas. Le cœur de ce peuple s'est alourdi : ils sont devenus durs d'oreille, ils se sont bouché les yeux, de peur que leurs yeux ne voient, que leurs oreilles n'entendent, que leur cœur ne comprenne, qu'ils ne se convertissent, – et moi, je les guérirai*.*

« Mais vous, heureux vos yeux puisqu'ils voient, et vos oreilles puisqu'elles entendent ! Amen, je vous le dis : beaucoup de prophètes et de justes ont désiré voir ce que vous voyez, et ne l'ont pas vu, entendre ce que vous entendez, et ne l'ont pas entendu. »

Prière sur les offrandes

Accueille, Seigneur, nous t'en prions, le sacrifice que tu as toi-même institué : dans les saints mystères que nous célébrons pour te servir comme il convient, sanctifie-nous pleinement par ton œuvre de rédemption. Par le Christ, notre Seigneur. – ***Amen.***

Antienne de la communion

Le Seigneur est bon
pour qui se tourne vers lui,
pour l'âme qui le cherche.
(Lm 3, 25)

OU

Il y a un seul pain, et la multitude
que nous sommes est un seul corps,
car nous avons tous part à un seul
pain et à une seule coupe.
(cf. 1 Co 10, 17)

Prière après la communion

Dieu tout-puissant, nous t'en prions : par la communion à ce sacrement, comble notre soif et notre faim de toi ; afin que nous puissions devenir ce que nous avons reçu. Par le Christ, notre Seigneur. – ***Amen.***

INVITATION

« Ils écoutent sans écouter », dit Jésus à ses disciples. Je pourrais essayer d'écouter vraiment : mes interlocuteurs, le prêtre qui prononce son homélie…

COMMENTAIRE

De Moïse à Jésus Exode 19, 1-2.9-11.16-20b ; Matthieu 13, 10-17

Le Dieu de l'Exode parle fort et le peuple se tient loin, apeuré. Seul Moïse risque le dialogue. En Jésus aussi, dans la lignée des prophètes, Dieu tente de nouer le dialogue avec son peuple. Mais son style, familier et respectueux, ne parle qu'à ceux qui ont déjà été attirés par le rayonnement de sa personne. Heureux celles et ceux qui savent s'approcher et entrer en dialogue quand Dieu interpelle ! ■

Jean-Marc Liautaud, Fondacio

❊ CLÉ DE LECTURE

« Et moi, je les guérirai »

Matthieu 13, 15 *(p. 188)*

Dans le récit de la vocation d'Isaïe cité ici, Dieu annonçait que le prophète envoyé à ses contemporains serait mal reçu et de plus en plus violemment rejeté. À tel point que Dieu semble vouloir boucher leurs oreilles et leurs cœurs, rendre impossible toute écoute et renoncer à toute guérison. Mais la traduction grecque que Matthieu utilise offre un texte plus ouvert et plus miséricordieux. Si les foules s'enfoncent dans l'incompréhension de ce que fait Jésus, manipulées par les pouvoirs religieux et civils jusqu'à le rejeter, la parole prophétique qui suit ce mouvement de fermeture et d'incompréhension se termine tout autrement. Dieu affirme qu'il guérira ultimement le cœur des membres de son peuple. Lorsque leurs yeux s'ouvriront devant le Fils en Croix. ■

Roselyne Dupont-Roc, bibliste

VENDREDI 28 JUILLET 2023

16E SEMAINE DU TEMPS ORDINAIRE COULEUR LITURGIQUE : VERT

Temps ordinaire, *suggestion d'oraisons et d'antiennes n° 28*

Antienne d'ouverture

Si tu retiens les fautes,
Seigneur, Seigneur,
qui subsistera ?
Mais près de toi se trouve
le pardon, Dieu d'Israël. (cf. Ps 129, 3-4)

Prière

Nous t'en prions, Seigneur, que ta grâce nous devance et qu'elle nous accompagne toujours, pour nous rendre attentifs à faire le bien sans relâche. Par Jésus… ***– Amen.***

Lecture

du livre de l'Exode (20, 1-17)

La Loi fut donnée par Moïse

En ces jours-là, sur le Sinaï, Dieu prononça toutes les paroles que voici : « Je suis le Seigneur ton Dieu, qui t'ai fait sortir du pays d'Égypte, de la maison d'esclavage.

« Tu n'auras pas d'autres dieux en face de moi. Tu ne feras aucune idole, aucune image de ce qui est là-haut dans les cieux, ou en bas sur la terre, ou dans les eaux par-dessous la terre.

Tu ne te prosterneras pas devant ces dieux, pour leur rendre un culte. Car moi, le Seigneur ton Dieu, je suis un Dieu jaloux : chez ceux qui me haïssent, je punis la faute des pères sur les fils, jusqu'à la troisième et la quatrième génération ; mais ceux qui m'aiment et observent mes commandements, je leur montre ma fidélité jusqu'à la millième génération. Tu n'invoqueras pas en vain le nom du Seigneur ton Dieu, car le Seigneur ne laissera pas impuni celui qui invoque en vain son nom.

« Souviens-toi du jour du sabbat pour le sanctifier. Pendant six jours tu travailleras et tu feras tout ton ouvrage ; mais le septième jour est le jour du repos, sabbat en l'honneur du Seigneur ton Dieu : tu ne feras aucun ouvrage, ni toi, ni ton fils, ni ta fille, ni ton serviteur, ni ta servante, ni tes bêtes, ni l'immigré qui est dans ta ville. Car en six jours le Seigneur a fait le ciel, la terre, la mer et tout ce qu'ils contiennent, mais il s'est reposé le septième jour. C'est pourquoi le Seigneur a béni le jour du sabbat et l'a sanctifié.

« Honore ton père et ta mère, afin d'avoir longue vie sur la terre que te donne le Seigneur ton Dieu. Tu ne commettras pas de meurtre. Tu ne commettras pas d'adultère. Tu ne commettras pas de vol. Tu ne porteras pas de faux témoignage contre ton prochain. Tu ne convoiteras pas la maison de ton prochain ; tu ne convoiteras pas la femme de ton prochain, ni son serviteur, ni sa servante, ni son bœuf, ni son âne : rien de ce qui lui appartient. » – Parole du Seigneur.

Psaume 18B (19)

℟ ***Seigneur, tu as les paroles de la vie éternelle.***

La loi du Seigneur est parfaite,
qui redonne vie ;
la charte du Seigneur est sûre,
qui rend sages les simples. ℟

Les préceptes du Seigneur sont droits,
ils réjouissent le cœur ;
le commandement du Seigneur est limpide,
il clarifie le regard. ℟

La crainte qu'il inspire est pure,
elle est là pour toujours ;
les décisions du Seigneur sont justes
et vraiment équitables : ℟

plus désirables que l'or,
qu'une masse d'or fin,
plus savoureuses que le miel
qui coule des rayons. ℟

Acclamation de l'Évangile

Alléluia. Alléluia. Heureux ceux qui ont entendu la Parole dans un cœur bon et généreux, qui la retiennent et portent du fruit par leur persévérance. ***Alléluia.***

Évangile de Jésus Christ

selon saint Matthieu (13, 18-23)

« Celui qui entend la Parole et la comprend porte du fruit »

En ce temps-là, Jésus disait à ses disciples : « Écoutez ce que veut dire la parabole du semeur. Quand quelqu'un entend la parole du Royaume sans la comprendre, le Mauvais survient et s'empare de ce qui est semé dans son cœur : celui-là, c'est le terrain ensemencé

au bord du chemin. Celui qui a reçu la semence sur un sol pierreux, c'est celui qui entend la Parole et la reçoit aussitôt avec joie ; mais il n'a pas de racines en lui, il est l'homme d'un moment : quand vient la détresse ou la persécution à cause de la Parole, il trébuche aussitôt. Celui qui a reçu la semence dans les ronces, c'est celui qui entend la Parole ; mais le souci du monde et la séduction de la richesse étouffent la Parole, qui ne donne pas de fruit. Celui qui a reçu la semence dans la bonne terre, c'est celui qui entend la Parole et la comprend : il porte du fruit à raison de cent, ou soixante, ou trente pour un. »

Prière sur les offrandes

Avec l'offrande de ce sacrifice, accueille, Seigneur, les prières de tes fidèles ; que cette liturgie célébrée avec ferveur nous fasse parvenir à la gloire du ciel. Par le Christ, notre Seigneur. ***— Amen.***

Antienne de la communion

Des riches ont tout perdu,
ils ont faim ;
qui cherche le Seigneur
ne manquera d'aucun bien.
(Ps 33, 11)

OU

Quand le Seigneur sera manifesté,
nous lui serons semblables
car nous le verrons tel qu'il est.
(cf. 1 Jn 3, 2)

Prière après la communion

Seigneur, Dieu de majesté, nous t'en supplions humblement : puisque tu nous as nourris du corps et du sang très saints, rends-nous participants de la nature divine. Par le Christ, notre Seigneur. — ***Amen.***

INVITATION

C'est « Achoura », une fête importante dans l'islam. Je peux prier pour le dialogue interreligieux et pour tous les croyants qui se mettent à l'écoute de la Parole.

COMMENTAIRE

Semeur de la Parole Matthieu 13, 18-23

Héritier de la tradition juive d'interprétation de la Torah, Matthieu place au cœur de son explication de la parabole du semeur une interpellation à entendre et à comprendre. Il ne s'agit pas d'intellectualisme mais d'une invitation à intégrer le style de vie que la Parole du Royaume, annonce de la bonté infinie de Dieu déjà perceptible dans les dix Paroles de l'Exode, cherche à susciter en nous. ■

***Jean-Marc Liautaud**, Fondacio*

SAMEDI 29 JUILLET 2023

COULEUR LITURGIQUE : BLANC

Saintes Marthe, Marie et saint Lazare

Ier siècle. Les noms de Marthe, Marie et Lazare de Béthanie évoquent cette famille amie où Jésus se sentait si bien accueilli.

Antienne d'ouverture

Jésus entra dans un village.
Une femme nommée Marthe
le reçut dans sa maison. (cf. Lc 10, 38)

Prière

Seigneur Dieu, ton Fils rappela à la vie Lazare qui gisait dans le tombeau, et il accepta l'hospitalité que Marthe lui offrait dans sa maison ; nous t'en prions, accorde-nous d'être fidèles à servir le Christ en nos frères et de mériter ainsi d'être nourris avec Marie par la méditation de sa parole. Lui qui… ***– Amen.***

Lectures propres à la mémoire de saintes Marthe, Marie et saint Lazare.

Lecture

Lecture de la première lettre de saint Jean (4, 7-16)

« Si nous nous aimons les uns les autres, Dieu demeure en nous »

Bien-aimés, aimons-nous les uns les autres, puisque l'amour vient de Dieu. Celui qui aime est né de Dieu et connaît Dieu. Celui qui n'aime pas n'a pas connu Dieu, car Dieu est amour. Voici comment l'amour de Dieu s'est manifesté parmi nous : Dieu a envoyé son Fils unique dans le monde pour que nous vivions par lui. Voici en quoi consiste l'amour : ce n'est pas nous

qui avons aimé Dieu, mais c'est lui qui nous a aimés, et il a envoyé son Fils en sacrifice de pardon pour nos péchés. Bien-aimés, puisque Dieu nous a tellement aimés, nous devons, nous aussi, nous aimer les uns les autres. Dieu, personne ne l'a jamais vu. Mais si nous nous aimons les uns les autres, Dieu demeure en nous, et, en nous, son amour atteint la perfection. Voici comment nous reconnaissons que nous demeurons en lui et lui en nous : il nous a donné part à son Esprit. Quant à nous, nous avons vu et nous attestons que le Père a envoyé son Fils comme Sauveur du monde.

Celui qui proclame que Jésus est le Fils de Dieu, Dieu demeure en lui, et lui en Dieu. Et nous, nous avons reconnu l'amour que Dieu a pour nous, et nous y avons cru. Dieu est amour : qui demeure dans l'amour demeure en Dieu, et Dieu demeure en lui.

– Parole du Seigneur.

Psaume 33

℟ ***Je bénirai le Seigneur en tout temps.***
OU ***Goûtez et voyez comme est bon le Seigneur.***

Je bénirai le Seigneur en tout temps,
sa louange sans cesse à mes lèvres.
Je me glorifierai dans le Seigneur :
que les pauvres m'entendent et soient en fête ! ℟

Magnifiez avec moi le Seigneur,
exaltons tous ensemble son nom.
Je cherche le Seigneur, il me répond :
de toutes mes frayeurs, il me délivre. ℟

Qui regarde vers lui resplendira,
sans ombre ni trouble au visage.
Un pauvre crie ; le Seigneur entend :
il le sauve de toutes ses angoisses. ℟

L'ange du Seigneur campe alentour
pour libérer ceux qui le craignent.
Goûtez et voyez : le Seigneur est bon !
Heureux qui trouve en lui son refuge ! ℟

Saints du Seigneur, adorez-le :
rien ne manque à ceux qui le craignent.
Des riches ont tout perdu, ils ont faim ;
qui cherche le Seigneur ne manquera
d'aucun bien. ℟

Acclamation de l'Évangile

Alléluia. Alléluia. Moi, je suis la lumière du monde, dit le Seigneur. Celui qui me suit aura la lumière de la vie. ***Alléluia.***

Évangile de Jésus Christ

selon saint Luc (10, 38-42)

« Marthe, Marthe, tu te donnes du souci et tu t'agites pour bien des choses »

En ce temps-là, Jésus entra dans un village. Une femme nommée Marthe le reçut. Elle avait une sœur appelée Marie qui, s'étant assise aux pieds du Seigneur, écoutait sa parole. Quant à Marthe, elle était accaparée par les multiples occupations du service. Elle intervint et dit : « Seigneur, cela ne te fait rien que ma sœur m'ait laissé faire seule le service ? Dis-lui donc de m'aider. » Le Seigneur lui répondit : « Marthe, Marthe, tu te donnes du souci et tu t'agites pour bien des choses. Une seule est nécessaire. Marie a choisi la meilleure part*, elle ne lui sera pas enlevée. »

On peut aussi lire Jean 11, 19-27.

Prière sur les offrandes

Nous proclamons tes merveilles, accomplies pour tes bienheureux amis, Seigneur, Dieu de majesté, et nous te supplions humblement : toi qui appréciais le dévouement de leur charité, accepte l'hommage de notre service. Par le Christ, notre Seigneur. **— *Amen.***

Antienne de la communion

Marthe dit à Jésus :
« Tu es le Christ, le Fils du Dieu vivant, celui qui vient dans le monde. »
(Jn 11, 27)

Prière après la communion

Seigneur, que la communion au corps et au sang de ton Fils unique nous détache des réalités passagères ; ainsi nous serons capables, à l'exemple des bienheureux Marthe, Marie et Lazare, de te servir sur la terre par une vraie charité et de connaître au ciel la joie de te contempler sans fin. Par le Christ, notre Seigneur. **— *Amen.***

INVITATION

Suis-je plutôt Marthe ou Marie ? Je pourrais décider soit de ralentir pour me recentrer sur « la meilleure part », soit de prendre l'attitude du service.

COMMENTAIRE

Divin amour 1 Jean 4, 7-16

« Agapè ». C'est le mot, assez rare en grec, que les traducteurs de la Bible hébraïque et les auteurs du Nouveau Testament ont choisi pour exprimer l'amour qui caractérise Dieu. Amour de sollicitude et de tendresse qui espère un retour mais ne l'impose pas, l'« agapè » divin est le moteur de l'Alliance : il s'engage pour la vie de l'autre en même temps qu'il suscite, respecte et interpelle sa liberté. ■

***Jean-Marc Liautaud**, Fondacio*

✻ CLÉ DE LECTURE

« La meilleure part » Luc 10, 42 *(p. 198)*

La tradition n'a cessé de broder sur cette « meilleure part » que Marie a choisie. Les deux femmes représenteraient l'action et la contemplation, le service dans le monde et la prière qui unifie. Des féministes se sont levées pour défendre Marthe et taxer Jésus de mépris pour les nécessaires tâches domestiques. C'est reconnaître la richesse du texte. C'est oublier, peut-être, son contexte : il fallait (déjà) affirmer avec force l'importance de disciples femmes auprès de Jésus et reconnaître dans la première Église leurs responsabilités et leurs rôles. C'est aussi forcer un peu le texte : en grec, Marie a choisi « la bonne part », et même si la forme du comparatif n'existe plus dans le grec de l'époque, pourquoi vouloir la réintroduire en français ? ■

***Roselyne Dupont-Roc**, bibliste*

DIMANCHE 30 JUILLET 2023

17E DIMANCHE DU TEMPS ORDINAIRE

ANNÉE A – COULEUR LITURGIQUE : VERT

« Les anges sortiront pour séparer les méchants du milieu des justes. »
Matthieu 13, 49

Qu'attendons-nous de Dieu qui, le premier, nous a aimés ? Cette question de nos attentes, de nos demandes, est aujourd'hui au cœur de la Parole. Car Dieu ne peut se donner qu'à la mesure de notre désir. Son amour est-il pour nous véritable trésor ? La grâce du baptême, une perle précieuse ? Que cette eucharistie ravive en nos cœurs la faim du Royaume.

RITES INITIAUX

Chant d'entrée *(Suggestions p. 255)*
OU
Antienne d'ouverture
Dieu se tient dans sa sainte demeure ; Dieu fait habiter
les siens unanimes dans sa maison : c'est lui qui donne à son peuple force et puissance. (cf. Ps 67, 6-7.36)

Suggestion de préparation pénitentielle *(ou p. 223)*
Frères et sœurs, au seuil de cette messe, reconnaissons devant le Seigneur que nous sommes pécheurs. Demandons-lui de purifier nos cœurs.

Seigneur Jésus, envoyé par le Père pour nous révéler son amour, tu ouvres nos cœurs à sa Parole de vie. Prends pitié de nous.
— Prends pitié de nous.
Ô Christ, serviteur du dessein du Père, tu mets au cœur de tous les pécheurs la joie d'être sauvés. Prends pitié de nous.
— Prends pitié de nous.
Seigneur, élevé dans la gloire du Père, tu remplis nos cœurs de charité fraternelle pour que grandisse le Royaume. Prends pitié de nous.
— Prends pitié de nous.

Que Dieu tout-puissant nous fasse miséricorde ; qu'il nous pardonne nos péchés et nous conduise à la vie éternelle. ***— Amen.***

Gloire à Dieu *(p. 225)*

(p. 225)

Prière

Tu protèges, Seigneur Dieu, ceux qui espèrent en toi ; sans toi, rien n'est fort et rien n'est saint : multiplie pour nous les signes de ta miséricorde, afin que, sous ta conduite et sous ta direction, en faisant un bon usage des biens qui passent, nous puissions déjà nous attacher à ceux qui demeurent. Par Jésus… — ***Amen.***

LITURGIE DE LA PAROLE

Lecture du premier livre des Rois (3, 5.7-12)

« Tu m'as demandé le discernement »

En ces jours-là, à Gabaon, pendant la nuit, le Seigneur apparut en songe à Salomon. Dieu lui dit : « Demande ce que je dois te donner. » Salomon répondit : « Ainsi donc, Seigneur mon Dieu, c'est toi qui m'as fait roi, moi, ton serviteur, à la place de David, mon père ; or, je suis un tout jeune homme, ne sachant comment se comporter, et me voilà au milieu du peuple que tu as élu ; c'est un peuple nombreux, si nombreux qu'on ne peut ni l'évaluer ni le compter. Donne à ton serviteur un cœur attentif pour qu'il sache gouverner ton peuple et discerner le bien et le mal ; sans cela, comment gouverner ton peuple, qui est si important ? » Cette demande de Salomon plut au Seigneur, qui lui

dit : « Puisque c'est cela que tu as demandé, et non pas de longs jours, ni la richesse, ni la mort de tes ennemis, mais puisque tu as demandé le discernement, l'art d'être attentif et de gouverner, je fais ce que tu as demandé : je te donne un cœur intelligent et sage, tel que personne n'en a eu avant toi et que personne n'en aura après toi. »

– Parole du Seigneur.

Psaume 118 (119)

℟ ***De quel amour j'aime ta loi, Seigneur !***

T. : AELF; M. : M. Wackenheim; Éd. : ADF.

Mon partage, Seigneur, je l'ai dit,
c'est d'observer tes paroles.
Mon bonheur, c'est la loi de ta bouche,
plus qu'un monceau d'or ou d'argent. ℟

Retrouvez ce psaume sur le CD "Les psaumes de l'année A"

Que j'aie pour consolation ton amour
selon tes promesses à ton serviteur !
Que vienne à moi ta tendresse, et je vivrai :
ta loi fait mon plaisir. ℟

Aussi j'aime tes volontés,
plus que l'or le plus précieux.
Je me règle sur chacun de tes préceptes,
je hais tout chemin de mensonge. ℟

Quelle merveille, tes exigences,
aussi mon âme les garde !
Déchiffrer ta parole illumine,
et les simples comprennent. ℟

Lecture de la lettre de saint Paul apôtre aux Romains (8, 28-30)

« Il nous a destinés d'avance à être configurés à l'image de son Fils »

Frères, nous le savons, quand les hommes aiment Dieu, lui-même fait tout contribuer à leur bien, puisqu'ils sont appelés selon le dessein de son amour. Ceux que, d'avance, il connaissait, il les a aussi destinés d'avance à être configurés à l'image de son Fils, pour que ce Fils soit le premier-né d'une multitude de frères. Ceux qu'il avait destinés d'avance, il les a aussi appelés ; ceux qu'il a appelés, il en a fait des justes ; et ceux qu'il a rendus justes, il leur a donné sa gloire. – Parole du Seigneur.

Acclamation de l'Évangile

Alléluia. Alléluia. Tu es béni, Père, Seigneur du ciel et de la terre, tu as révélé aux tout-petits les mystères du Royaume ! ***Alléluia.***

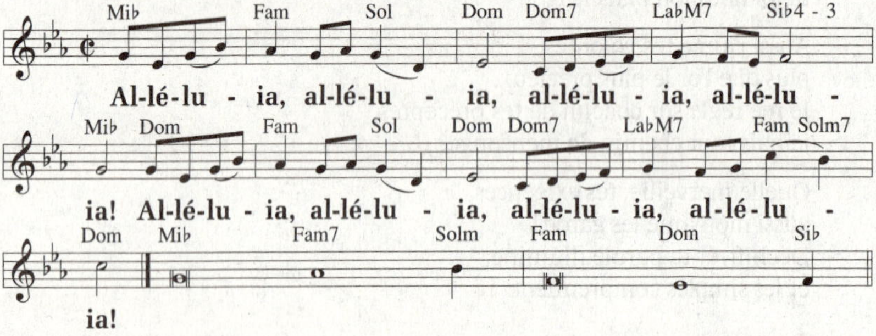

U 76-99; T. : AELF; M. : P. Robert; ADF-Musique.

Évangile de Jésus Christ selon saint Matthieu (13, 44-52)

(Lecture brève : 13, 44-46)

« Il va vendre tout ce qu'il possède, et il achète ce champ »

En ce temps-là, Jésus disait à la foule ces paraboles : « Le royaume des Cieux est comparable à un trésor caché dans un champ ; l'homme qui l'a découvert le cache de nouveau. Dans sa joie, il va vendre tout ce qu'il possède, et il achète ce champ.
« Ou encore : Le royaume des Cieux est comparable à un négociant

qui recherche des perles fines. Ayant trouvé une perle de grande valeur, il va vendre tout ce qu'il possède, et il achète la perle.

Fin de la lecture brève

« Le royaume des Cieux est encore comparable à un filet que l'on jette dans la mer, et qui ramène toutes sortes de poissons. Quand il est plein, on le tire sur le rivage, on s'assied, on ramasse dans des paniers ce qui est bon, et on rejette ce qui ne vaut rien. Ainsi en sera-t-il à la fin du monde : les anges sortiront pour séparer les méchants du milieu des justes et les jetteront dans la fournaise : là, il y aura des pleurs et des grincements de dents. »

« Avez-vous compris tout cela ? » Ils lui répondent : « Oui. » Jésus ajouta : « C'est pourquoi tout scribe devenu disciple du royaume des Cieux est comparable à un maître de maison qui tire de son trésor du neuf et de l'ancien. »

Homélie

Profession de foi *(p. 226)*

Suggestion de prière universelle

Le prêtre :

En son grand amour, Dieu fait de tous ses enfants la multitude des frères et sœurs de son Fils. Prions pour tous les hommes, spécialement pour tous ceux qui traversent des épreuves.

℟ ***Dieu de tendresse, souviens-toi de nous.***

Y 55 SM.

Le diacre ou un lecteur :

Prions pour tous les jeunes bientôt rassemblés autour du pape François pour les Journées mondiales de la jeunesse, qu'ils témoignent avec joie de la Bonne Nouvelle du Royaume. Redis-leur ta promesse, Dieu notre Père. ℟

Prions pour tous les responsables politiques, qu'ils aient un cœur de serviteur et travaillent avec sagesse au bien commun. Donne-leur ton Esprit de justice, Dieu notre Père. ℟

Prions pour les personnes malades et âgées, parfois plus isolées au cours de l'été, qu'elles aient pour consolation l'affection de leurs proches. Montre-leur ton amour, Dieu notre Père. ℟

Prions pour ceux qui vivent cet été une retraite spirituelle ou un pèlerinage, qu'ils redécouvrent le trésor de l'Évangile et la grâce de l'eucharistie. Révèle à tous le vrai trésor, Dieu notre Père. ℟

(Ces intentions seront adaptées ou modifiées selon les circonstances.)

Le prêtre : Accorde à tous tes enfants, Dieu notre Père, la consolation de ta tendresse. Exauce toutes nos prières, par le Christ, notre Seigneur.

— Amen.

LITURGIE EUCHARISTIQUE

Prière sur les offrandes

Accueille, nous t'en prions, Seigneur, les dons prélevés pour toi sur tes propres largesses ; que ces mystères très saints, où ta grâce opère avec puissance, sanctifient notre vie de tous les jours et nous conduisent aux joies éternelles. Par le Christ, notre Seigneur. — ***Amen.***

Prière eucharistique *(Préface des dimanches, p. 229)*

Chant de communion *(Suggestions p. 255)*

OU

Antienne de la communion

Bénis le Seigneur, ô mon âme,
n'oublie aucun de ses bienfaits. (Ps 102, 2)
OU Heureux les miséricordieux, car ils obtiendront miséricorde.
Heureux les cœurs purs, car ils verront Dieu. (Mt 5, 7-8)

Prière après la communion

Nous avons communié, Seigneur, au sacrement divin, mémorial à jamais de la Passion de ton Fils ; nous t'en prions : fais servir à notre salut le don que lui-même nous a légué dans son amour inexprimable. Lui qui… — ***Amen.***

RITE DE CONCLUSION

Bénédiction et envoi

COMMENTAIRE DU DIMANCHE

Anne Da, xavière

Le trésor de la sagesse

Au cœur de la nuit, Dieu prend l'initiative d'un dialogue avec le roi Salomon : « Demande ce que je dois te donner. » Il ouvre à Salomon un espace de liberté pour exprimer le vrai désir de son cœur. Comment ne pas s'émerveiller de la réponse de Salomon : « Donne à ton serviteur un cœur attentif pour qu'il sache gouverner ton peuple et discerner le bien et le mal » ? On entend combien le roi est ajusté à la mission reçue de prendre soin du bien du peuple. Salomon ne demande rien d'autre pour lui-même qu'une sagesse qui est un don de Dieu pour accomplir la mission qu'il a héritée de son propre père, David. Salomon s'inscrit dans une histoire, celle du peuple élu, et rend grâce au Seigneur d'avoir accordé à David « la loyauté, la justice et la droiture de cœur » (1 R 3, 6).

Salomon s'appuie sur la relation tissée entre son père David et le Seigneur et s'engage à en vivre. En demandant le discernement, l'art d'être attentif et de gouverner, il reçoit un cœur intelligent et sage. Il a préféré la sagesse aux biens de ce monde en vue d'aider les hommes et les femmes de son royaume à vivre selon le cœur de Dieu en choisissant le bien.
La parabole du trésor caché dans le champ résonne avec cette sagesse du roi Salomon. L'homme qui achète le champ lui ressemble. Il ne garde rien de ce qu'il a pour posséder le trésor caché dans le champ. Quel est donc ce trésor qui procure la joie ?

Ai-je fait l'expérience de choisir ce qui est folie pour le monde mais sagesse aux yeux de Dieu ? Ai-je mémoire de la joie qui a confirmé ce choix ?

Est-ce que je demande à Dieu la sagesse pour vivre mon travail ? ■

Prions en Église Junior

LIRE L'ÉVANGILE AVEC LES ENFANTS

CE QUE JE DÉCOUVRE

Aimes-tu faire des chasses au trésor ? Quel suspense ! Où a été caché le coffre ? Qui va le trouver en premier ? Tu es pressé de mettre la main dessus. **La parole de Dieu est aussi un trésor extraordinaire, une perle de grand prix.** D'ailleurs, celui qui l'a découvert vend tout ce qu'il a pour acheter le champ où est caché le trésor ! **Découvrons la parole de Dieu comme un trésor qui nous rend riche d'amour pour les autres.**

CE QUE JE VIS

Dans l'évangile du jour, à quoi Jésus compare-t-il le royaume des Cieux ?

Et toi, **quels sont tes trésors les plus précieux ?**

Écris sur du papier cadeau quelques paroles de la Bible que tu aimes. Offre-les à tes amis.

Textes : S. Pelloux-Prayer, T. Van Den Driessche. Illustration : M. Truong

MÉDITATION BIBLIQUE

17E DIMANCHE DU TEMPS ORDINAIRE

Premier livre des Rois 3, 5.7-12

Le cœur qui plaît à Dieu

La juste gouvernance appartient à celui dont le cœur écoute. Le roi Salomon l'a bien compris, qui demande à Dieu un tel cœur, attentif, doté de délicatesse et de discernement.

Le temps de la préparation

« Mon partage, Seigneur, je l'ai dit, c'est d'observer tes paroles. Mon bonheur, c'est la loi de ta bouche, plus qu'un monceau d'or ou d'argent. » (Ps 118, 57.72)

Le temps de l'observation

L'existence suppose de prendre des décisions. Quand Dieu s'adresse à Salomon pour lui demander ce qu'il désire, ce qui lui manque, Salomon demande un cœur capable de faire la différence. Il ne désire pas une situation, des objets, le bonheur. Il ne souhaite pas posséder quelque chose en particulier. Il souhaite un mouvement, une aptitude, une mise à niveau de son être qui lui permette de discerner dans les situations de sa vie qui se présenteront. Dans le langage biblique, Salomon nomme ce discernement d'un nom très poétique, « un cœur attentif ». En hébreu, ...

… l'expression employée est celle d'un « cœur qui écoute ». Par ces mots, Salomon ne demande pas une ouïe plus performante ou une capacité de se concentrer plus forte. Il demande que ce qui représente son intériorité, le siège de la réflexion et du sentiment soit en capacité de comprendre l'autre, de percevoir dans la finesse ce qu'il raconte du monde.

Le temps de la méditation

Salomon a tout compris. Il a compris que la gouvernance ne se construit pas sur la puissance ou l'obéissance. Il sait que respecter le peuple dont il est au service demande infiniment de délicatesse. Si ce roi a une réputation de sagesse, ce n'est donc pas parce qu'il serait prudent, intelligent ou érudit, mais parce qu'il fait de l'écoute le cœur de son action et de sa présence au monde. Il sait que cette ouverture aux autres est la seule façon de comprendre ce qui se joue, dans une situation, pour chacune des personnes concernées, absentes ou présentes. Dieu ne peut pas dire non à une telle requête. À plusieurs reprises, Dieu demande au peuple hébreu d'écouter. Il y a fort à parier que le royaume de Dieu n'est accessible que dans et par ce cœur qui écoute le monde. Car s'il est possible de tout vendre pour acheter une perle en particulier, seule l'écoute permet de savoir ce qu'est une perle précieuse.

Le temps de la prière

« Quelle merveille, tes exigences,
aussi mon âme les garde !
Déchiffrer ta parole illumine,
et les simples comprennent. »
(Ps 118, 129.130)

Marie-Laure Durand, bibliste ■

Une prière de Ai Nguyen Chi, pour ce dimanche

Donne-nous un cœur nouveau

Seigneur, donne-nous un cœur nouveau et un regard neuf
pour que nous puissions observer ta Création
comme tu le fais, toi qui es bon, aimable et admirable.
Ouvre grand la porte de notre cœur pour que
nous puissions regarder nos frères et sœurs avec tes yeux.
Aide-nous à discerner ta présence
dans tout ce qui est simple et humain
pour faire de cette terre une demeure digne de toi.
Seigneur, aide-nous à devenir des chercheuses et chercheurs
passionnés de ton royaume de justice, de paix,
de joie et de fraternité.
Quand la tristesse envahit les cœurs,
aide-nous à apporter la joie.
Quand la haine se répand, apprends-nous à bâtir la fraternité.
En tout temps et en tout lieu,
oriente notre recherche vers ton désir.

LA VIE EN PHOTO
VACANCES D'ÉTÉ

Repos assuré

Que faire sur une plage, une fin d'après-midi de juillet ? Admirer l'éclat irisé de la mer et la promesse de l'horizon. Se prélasser sous la chaleur du soleil. Prendre un bon bouquin ou une grille de mots croisés. Écouter les vagues qui roulent et les enfants qui jouent. Les rejoindre, taper dans une balle, construire un château de sable, ou faire une bataille d'eau. Nager. Sortir de l'eau et ressentir la fraîcheur d'une brise. Retourner se prélasser. Ne plus penser à rien. Sans crainte. Les sauveteurs sont là, qui veillent. Dans nos prières estivales, n'oublions pas ceux qui travaillent sur la plage, dans les campings, les aires d'autoroute… Ils sont à pied d'œuvre pour permettre à d'autres de se reposer. ■

Frédéric Pascal,
journaliste

« Dieu bénit le septième jour : il le sanctifia puisque, ce jour-là, il se reposa de toute l'œuvre de création qu'il avait faite. »

Genèse 2, 3

Bidart, Pyrénées-Atlantiques.
©Mikel Bilbao / VWPics / Getty Images

LUNDI 31 JUILLET 2023

17E SEMAINE DU TEMPS ORDINAIRE COULEUR LITURGIQUE : BLANC

Saint Ignace de Loyola

1491-1556. Fondateur de la Compagnie de Jésus. Ses Exercices spirituels tracent un chemin à qui veut consacrer sa vie à la gloire de Dieu. Canonisé en 1622.

Antienne d'ouverture

Au nom de Jésus, que tout genou fléchisse au ciel,
sur terre et aux enfers, et que toute langue proclame :
« Jésus Christ est Seigneur »
à la gloire de Dieu le Père.
(Cf. Ph 2, 10-11)

Prière

Seigneur Dieu, pour que rayonne la plus grande gloire de ton nom, tu as suscité dans ton Église saint Ignace de Loyola ; fais qu'avec son aide et à son exemple, après avoir combattu sur la terre, nous partagions sa victoire dans le ciel. Par Jésus… – ***Amen.***

Lecture

du livre de l'Exode (32, 15-24.30-34)

« Ce peuple a commis un grand péché : ils se sont fait des dieux en or »

En ces jours-là, Moïse redescendit de la montagne. Il portait les deux tables du Témoignage ; ces tables étaient écrites sur les deux faces ; elles étaient l'œuvre de Dieu, et l'écriture, c'était l'écriture de Dieu, gravée sur ces tables. Josué entendit le bruit et le tumulte du peuple et dit

à Moïse : « Bruit de bataille dans le camp. » Moïse répliqua : « Ces bruits, ce ne sont pas des chants de victoire ni de défaite ; ce que j'entends, ce sont des cantiques qui se répondent. »
Comme il approchait du camp, il aperçut le veau et les danses. Il s'enflamma de colère, il jeta les tables qu'il portait, et les brisa au bas de la montagne. Il se saisit du veau qu'ils avaient fait, le brûla, le réduisit en poussière, qu'il répandit à la surface de l'eau. Et cette eau, il la fit boire aux fils d'Israël. Moïse dit à Aaron : « Qu'est-ce que ce peuple t'avait donc fait, pour que tu l'aies entraîné dans un si grand péché ? » Aaron répondit : « Que mon seigneur ne s'enflamme pas de colère ! Tu sais bien que ce peuple est porté au mal ! C'est eux qui m'ont dit : "Fais-nous des dieux qui marchent devant nous. Car ce Moïse, l'homme qui nous a fait monter du pays d'Égypte, nous ne savons pas ce qui lui est arrivé." Je leur ai dit : "Ceux d'entre vous qui ont de l'or, qu'ils s'en dépouillent." Ils me l'ont donné, je l'ai jeté au feu, et il en est sorti ce veau. »
Le lendemain, Moïse dit au peuple : « Vous avez commis un grand péché. Maintenant, je vais monter vers le Seigneur. Peut-être obtiendrai-je la rémission de votre péché. » Moïse retourna vers le Seigneur et lui dit : « Hélas ! Ce peuple a commis un grand péché : ils se sont fait des dieux en or. Ah, si tu voulais enlever leur péché ! Ou alors, efface-moi de ton livre, celui que tu as écrit. » Le Seigneur répondit à Moïse : « Celui que j'effacerai de mon livre, c'est celui qui a péché contre moi. Va donc, conduis le peuple vers le lieu que je t'ai indiqué, et mon ange ira devant toi. Le jour où j'interviendrai, je les punirai de leur péché. »
– Parole du Seigneur.

Psaume 105 (106)

℟ ***Rendez grâce au Seigneur : Il est bon ! Éternel est son amour !*** OU ***Alléluia !***

À l'Horeb ils fabriquent un veau,
ils adorent un objet en métal :
ils échangeaient ce qui était leur gloire
pour l'image d'un taureau, d'un ruminant. ℟

Ils oublient le Dieu qui les sauve,
qui a fait des prodiges en Égypte,
des miracles au pays de Cham,
des actions terrifiantes sur la mer Rouge. ℟

Dieu a décidé de les détruire.
C'est alors que Moïse, son élu,
surgit sur la brèche, devant lui,
pour empêcher que sa fureur les extermine. ℟

Acclamation de l'Évangile

Alléluia. Alléluia. Le Père a voulu nous engendrer par sa parole de vérité, pour faire de nous comme les prémices de ses créatures. ***Alléluia.***

Évangile de Jésus Christ

selon saint Matthieu (13, 31-35)

« La graine de moutarde devient un arbre, si bien que les oiseaux du ciel font leurs nids dans ses branches »

En ce temps-là, Jésus proposa aux foules une autre parabole : « Le royaume des Cieux est comparable à une graine de moutarde qu'un homme a prise et qu'il a semée dans son champ. C'est la plus petite de toutes les semences, mais, quand elle a poussé, elle dépasse les autres plantes potagères et devient un arbre, si bien que les oiseaux du ciel viennent et font leurs nids dans ses branches. » Il leur dit une autre parabole : « Le royaume des Cieux est comparable au levain qu'une femme a pris et qu'elle a enfoui dans trois mesures de farine, jusqu'à ce que toute la pâte ait levé. » Tout cela, Jésus le dit aux foules en paraboles, et il ne leur disait rien sans parabole, accomplissant ainsi la parole du prophète : *J'ouvrirai la bouche pour des paraboles, je publierai ce qui fut caché depuis la fondation du monde.*

Prière sur les offrandes

Que l'offrande présentée en la fête de saint Ignace te soit agréable, Seigneur Dieu : et que ces mystères sacrés, dont tu as fait la source de toute sainteté, nous sanctifient nous aussi dans la vérité. Par le Christ, notre Seigneur.
— Amen.

Antienne de la communion

Je suis venu apporter
un feu sur la terre, dit le Seigneur,
et comme je voudrais
qu'il soit déjà allumé !
(cf. Lc 12, 49)

Prière après la communion
Que le sacrifice de louange, Seigneur, offert pour te rendre grâce en l'honneur de saint Ignace, nous conduise à louer sans fin ton immense gloire. Par le Christ, notre Seigneur. — ***Amen.***

INVITATION

Nous fêtons aujourd'hui saint Ignace de Loyola. N'est-ce pas un bon jour pour relire ce mois de juillet en m'aidant de ses *Exercices spirituels* ?

COMMENTAIRE

Un petit grain

Matthieu 13, 31-35

Le royaume des Cieux est hospitalier aux oiseaux qui cherchent un abri. À nous aussi, quand nous acceptons de ne pas voler de nos propres ailes. Mais il commence tout petit et se mélange si bien au monde que nous peinons à le voir quand il est déjà là, au milieu de nous. À moins d'être cet homme qui prend la semence dans sa main, ou cette femme qui sait que le levain est enfoui dans la farine. Ils voient Dieu faire grandir et lever son Royaume. ■

Nicolas Tarralle, *prêtre assomptionniste*

Liturgie de la messe

RITES INITIAUX

Le chant d'entrée achevé, le prêtre et les fidèles, debout, font le signe de la croix, tandis que le prêtre, tourné vers le peuple, dit :

Au nom du Père, et du Fils, et du Saint-Esprit.

Le peuple répond :

– Amen.

Salutation

La grâce de Jésus, le Christ, notre Seigneur, l'amour de Dieu le Père, et la communion de l'Esprit Saint soient toujours avec vous.

– Et avec votre esprit.

Ou bien : Que la grâce et la paix de Dieu notre Père et du Seigneur Jésus, le Christ, soient toujours avec vous.

– Et avec votre esprit.

Ou bien : Le Seigneur soit avec vous.

– Et avec votre esprit.

Acte pénitentiel

Frères et sœurs, préparons-nous à célébrer le mystère de l'eucharistie, en reconnaissant que nous avons péché.

(1) Je confesse à Dieu tout-puissant, je reconnais devant vous, frères et sœurs, que j'ai péché en pensée, en parole, par action et par omission ; oui, j'ai vraiment péché. C'est pourquoi je supplie la bienheureuse Vierge Marie, les anges et tous les saints, et vous aussi, frères et sœurs, de prier pour moi le Seigneur notre Dieu.

(2) Prends pitié de nous, Seigneur. ***– Nous avons péché contre toi.***
Montre-nous, Seigneur, ta miséricorde. ***– Et donne-nous ton salut.***

(3) Seigneur Jésus, envoyé pour guérir les cœurs qui reviennent vers toi :
Seigneur, prends pitié. ***– Seigneur, prends pitié.***
Ô Christ, venu appeler les pécheurs : ô Christ, prends pitié.
– Ô Christ, prends pitié.
Seigneur, qui sièges à la droite du Père où tu intercèdes pour nous :
Seigneur, prends pitié. ***– Seigneur, prends pitié.***

Que Dieu tout-puissant nous fasse miséricorde ; qu'il nous pardonne nos péchés et nous conduise à la vie éternelle. ***– Amen.***

Ensuite, on chante ou on dit le Kyrie eleison (Seigneur, prends pitié), à moins qu'il n'ait été déjà employé dans une formule de l'acte pénitentiel (c'est le cas de la précédente).

Kyrie, eleison. ***– Kyrie, eleison.***
Christe, eleison. ***– Christe, eleison.***
Kyrie, eleison. ***– Kyrie, eleison.***
ou bien : Seigneur, prends pitié. ***– Seigneur, prends pitié.***
Ô Christ, prends pitié. ***– Ô Christ, prends pitié.***
Seigneur, prends pitié. ***– Seigneur, prends pitié.***

Gloire à Dieu

Gloire à Dieu, au plus haut des cieux, et paix sur la terre aux hommes,
qu'il aime. Nous te louons, nous te bénissons, nous t'adorons,
nous te glorifions, nous te rendons grâce, pour ton immense gloire,
Seigneur Dieu, Roi du ciel, Dieu le Père tout-puissant.
Seigneur, Fils unique, Jésus Christ, Seigneur Dieu,
Agneau de Dieu, le Fils du Père;
toi qui enlèves les péchés du monde, prends pitié de nous;
toi qui enlèves les péchés du monde, reçois notre prière;
toi qui es assis à la droite du Père, prends pitié de nous.
Car toi seul es Saint, toi seul es Seigneur, toi seul es le Très-Haut :
Jésus Christ, avec le Saint-Esprit dans la gloire de Dieu le Père. Amen.

Gloria in excelsis Deo et in terra pax hominibus bonæ voluntatis. Laudamus te, benedicimus te, adoramus te, glorificamus te, gratias agimus tibi propter magnam gloriam tuam, Domine Deus, Rex cælestis, Deus Pater omnipotens. Domine Fili unigenite, Iesu Christe, Domine Deus, Agnus Dei, Filius Patris, qui tollis peccata mundi, miserere nobis; qui tollis peccata mundi, suscipe deprecationem nostram. Qui sedes ad dexteram Patris, miserere nobis.
Quoniam tu solus Sanctus, tu solus Dominus, tu solus Altissimus,
Iesu Christe, cum Sancto Spiritu : in gloria Dei Patris. Amen.

Prière d'ouverture

Voir à la date du jour.

LITURGIE DE LA PAROLE

Voir à la date du jour.

Profession de foi

Symbole de Nicée-Constantinople

Je crois en un seul Dieu, le Père tout-puissant,
créateur du ciel et de la terre, de l'univers visible et invisible.
Je crois en un seul Seigneur, Jésus Christ, le Fils unique de Dieu,
né du Père avant tous les siècles : il est Dieu, né de Dieu,
lumière née de la lumière, vrai Dieu, né du vrai Dieu,
engendré, non pas créé, consubstantiel au Père, et par lui tout a été fait.
Pour nous les hommes, et pour notre salut, il descendit du ciel;
par l'Esprit Saint, il a pris chair de la Vierge Marie, et s'est fait homme.
Crucifié pour nous sous Ponce Pilate,
il souffrit sa passion et fut mis au tombeau.
Il ressuscita le troisième jour, conformément aux Écritures,
et il monta au ciel; il est assis à la droite du Père.
Il reviendra dans la gloire, pour juger les vivants et les morts;
et son règne n'aura pas de fin.
Je crois en l'Esprit Saint, qui est Seigneur et qui donne la vie;
il procède du Père et du Fils; avec le Père et le Fils,
il reçoit même adoration et même gloire; il a parlé par les prophètes.
Je crois en l'Église, une, sainte, catholique et apostolique.
Je reconnais un seul baptême pour le pardon des péchés.
J'attends la résurrection des morts, et la vie du monde à venir. Amen.

Credo in unum Deum, Patrem omnipotentem,
Factorem cæli et terræ, visibilium omnium et invisibilium.
Et in unum Dominum Iesum Christum, Filium Dei unigenitum,
et ex Patre natum ante omnia sæcula.
Deum de Deo, lumen de lumine, Deum verum de Deo vero, genitum,
non factum, consubstantialem Patri : per quem omnia facta sunt.
Qui propter nos homines et propter nostram salutem descendit de cælis.
Et incarnatus est de Spiritu Sancto ex Maria Virgine, et homo factus est.
Crucifixus etiam pro nobis sub Pontio Pilato ;
passus et sepultus est, et resurrexit tertia die, secundum Scripturas,
et ascendit in cælum, sedet ad dexteram Patris.
Et iterum venturus est cum gloria, iudicare vivos et mortuos,
cuius regni non erit finis.
Et in Spiritum Sanctum, Dominum et vivificantem :
qui ex Patre Filioque procedit.
Qui cum Patre et Filio simul adoratur et conglorificatur :
qui locutus est per prophetas.
Et unam, sanctam, catholicam et apostolicam Ecclesiam.
Confiteor unum baptisma in remissionem peccatorum.
Et exspecto resurrectionem mortuorum, et vitam venturi sæculi.
Amen.

Symbole des Apôtres

Je crois en Dieu, le Père tout-puissant, créateur du ciel et de la terre.
Et en Jésus Christ, son Fils unique, notre Seigneur,
qui a été conçu du Saint-Esprit, est né de la Vierge Marie,
a souffert sous Ponce Pilate, a été crucifié, est mort et a été enseveli,
est descendu aux enfers, le troisième jour est ressuscité des morts,
est monté aux cieux, est assis à la droite de Dieu le Père tout-puissant,
d'où il viendra juger les vivants et les morts.
Je crois en l'Esprit Saint, à la sainte Église catholique,
à la communion des saints, à la rémission des péchés,
à la résurrection de la chair, à la vie éternelle. Amen.

Prière universelle

LITURGIE EUCHARISTIQUE

Préparation des dons

Tu es béni, Seigneur, Dieu de l'univers : nous avons reçu de ta bonté le pain
que nous te présentons, fruit de la terre et du travail des hommes ;
il deviendra pour nous le pain de la vie. ***—Béni soit Dieu, maintenant et toujours !***

Comme cette eau se mêle au vin pour le sacrement de l'Alliance,
puissions-nous être unis à la divinité de celui qui a voulu prendre notre humanité.

Tu es béni, Seigneur, Dieu de l'univers : nous avons reçu de ta bonté le vin
que nous te présentons, fruit de la vigne et du travail des hommes ;
il deviendra pour nous le vin du Royaume éternel.

—Béni soit Dieu, maintenant et toujours !

Le cœur humble et contrit, nous te supplions, Seigneur, accueille-nous : que notre sacrifice, en ce jour, trouve grâce devant toi, Seigneur notre Dieu. Lave-moi de mes fautes, Seigneur, et purifie-moi de mon péché.

Prière sur les offrandes

Priez, frères et sœurs : que mon sacrifice, qui est aussi le vôtre, soit agréable à Dieu le Père tout-puissant.

— Que le Seigneur reçoive de vos mains ce sacrifice à la louange et à la gloire de son nom, pour notre bien et celui de toute l'Église.

Ou bien :

Prions ensemble, au moment d'offrir le sacrifice de toute l'Église.

— Pour la gloire de Dieu et le salut du monde.

Prière eucharistique

Le Seigneur soit avec vous. ***— Et avec votre esprit.***

Élevons notre cœur. ***— Nous le tournons vers le Seigneur.***

Rendons grâce au Seigneur notre Dieu. ***— Cela est juste et bon.***

Préfaces

1re préface des dimanches

Le mystère pascal et le peuple de Dieu

Vraiment, il est juste et bon, pour ta gloire et notre salut, de t'offrir notre action de grâce, toujours et en tout lieu, Seigneur, Père très saint, Dieu éternel et tout-puissant, par le Christ, notre Seigneur. Dans le mystère de sa Pâque, il a fait une œuvre merveilleuse : car nous étions esclaves de la mort et du péché, et nous sommes appelés à partager sa gloire; nous portons désormais ces noms glorieux : descendance choisie, sacerdoce royal, nation sainte, peuple racheté; nous pouvons annoncer au monde les merveilles que tu as accomplies, toi qui nous appelles des ténèbres à ton admirable lumière. C'est pourquoi, avec les anges et les archanges, avec les puissances d'en haut et tous les esprits bienheureux, nous chantons l'hymne de ta gloire et sans fin nous proclamons: ***Saint! Saint! Saint...***

2e préface des dimanches

Le mystère du salut

Vraiment, il est juste et bon, pour ta gloire et notre salut, de t'offrir notre action de grâce, toujours et en tout lieu, Seigneur, Père très saint, Dieu éternel et tout-puissant, par le Christ, notre Seigneur. Dans sa pitié pour nos égarements, il a voulu naître de la Vierge Marie. Par la souffrance de la croix, il nous a délivrés de la mort éternelle; par sa résurrection d'entre les morts, il nous a donné la vie qui n'aura pas de fin. C'est pourquoi, avec les anges et les archanges, avec les puissances d'en haut et tous les esprits bienheureux, nous chantons l'hymne de ta gloire et sans fin nous proclamons: ***Saint! Saint! Saint...***

1re préface commune

Récapitulation de toutes choses dans le Christ

Vraiment, il est juste et bon, pour ta gloire et notre salut, de t'offrir notre action de grâce, toujours et en tout lieu, Seigneur, Père très saint, Dieu éternel et tout-puissant, par le Christ, notre Seigneur. En lui tu as voulu récapituler toutes choses, et tu nous as fait partager la vie qu'il possède en plénitude. Lui qui est de condition divine, il s'est anéanti pour donner au monde la paix par le sang de sa croix; élevé au-dessus de toute créature, il est devenu pour tous ceux qui lui obéissent la cause du salut éternel. C'est pourquoi, avec les anges et les archanges, avec les puissances d'en haut et tous les esprits bienheureux, nous chantons l'hymne de ta gloire et sans fin nous proclamons : ***Saint ! Saint ! Saint...***

2e préface commune

Le salut par le Christ

Vraiment, il est juste et bon, pour ta gloire et notre salut, de t'offrir notre action de grâce, toujours et en tout lieu, Seigneur, Père très saint, Dieu éternel et tout-puissant. Dans ta bonté, tu as créé l'homme ; et, comme il avait mérité la condamnation, tu l'as racheté dans ta miséricorde, par le Christ, notre Seigneur. Par lui, les anges célèbrent ta grandeur, et les esprits bienheureux adorent ta gloire ; par lui s'inclinent devant toi les puissances d'en haut, et tressaillent d'une même allégresse les innombrables créatures des cieux. À leur hymne de louange, laisse-nous joindre nos voix pour chanter et proclamer : ***Saint ! Saint ! Saint...***

2e préface de la Vierge Marie

L'Église loue Dieu avec les paroles de Marie

Vraiment, Père très saint, il est juste et bon, pour ta gloire et notre salut, de te proclamer admirable dans le triomphe de tous les saints, et, plus encore, de dire la grandeur de ta bonté pour fêter la bienheureuse Vierge Marie, en reprenant son cantique d'action de grâce. Oui, tu as fait des merveilles pour la terre entière et tu as étendu ta miséricorde à tous les âges, en choisissant ton humble servante pour donner au monde le Sauveur, ton Fils, le Seigneur Jésus Christ. Par lui, les anges adorent ta majesté et se réjouissent en ta présence à jamais. À leur hymne de louange, laisse-nous joindre nos voix pour chanter et proclamer : ***Saint ! Saint ! Saint...***

1re préface des Apôtres

Les Apôtres, pasteurs du peuple de Dieu

Vraiment, il est juste et bon, pour ta gloire et notre salut, de t'offrir notre action de grâce, toujours et en tout lieu, Seigneur, Père très saint, Dieu éternel et tout-puissant. Tu n'abandonnes pas ton troupeau, Pasteur éternel, mais tu le gardes par les bienheureux Apôtres sous ta constante protection, pour qu'il soit dirigé par ceux-là mêmes que tu as établis à sa tête comme pasteurs au nom de ton Fils. C'est pourquoi, avec les anges et les archanges, avec les puissances d'en haut et tous les esprits bienheureux, nous chantons l'hymne de ta gloire et sans fin nous proclamons:

Saint! Saint! Saint...

2e préface des saints

Le rôle des saints

Vraiment, il est juste et bon, pour ta gloire et notre salut, de t'offrir notre action de grâce, toujours et en tout lieu, Seigneur, Père très saint, Dieu éternel et tout-puissant, par le Christ, notre Seigneur. Tu ne cesses de fortifier ton Église, et tu lui donnes une fécondité nouvelle par la foi admirable dont témoignent les saints; tu nous présentes en eux des signes très sûrs de ton amour. Et pour que s'accomplissent les mystères du salut, le rayonnement de leur exemple nous stimule, et leur intercession fervente nous assure un appui. C'est pourquoi, avec les anges et tous les saints, nous te louons, Seigneur, et nous exultons de joie en proclamant :

Saint! Saint! Saint...

1re préface des saints martyrs

Signification et valeur exemplaire du martyre

Vraiment, il est juste et bon, pour ta gloire et notre salut, de t'offrir notre action de grâce, toujours et en tout lieu, Seigneur, Père très saint, Dieu éternel et tout-puissant. Nous reconnaissons un signe éclatant de ta grâce dans le martyre de saint (de sainte, des saints, des saintes) N. ; en répandant son (leur) propre sang comme le Christ, il a (elle a, ils ont, elles ont) glorifié ton nom. C'est ta puissance qui se déploie dans la faiblesse quand tu donnes à des êtres fragiles de te rendre témoignage par le Christ, notre Seigneur. C'est pourquoi, avec les puissances des cieux, nous pouvons te bénir sur la terre et t'adorer sans fin en proclamant : ***Saint ! Saint ! Saint...***

Préface des saints pasteurs

La présence des saints pasteurs dans l'Église

Vraiment, il est juste et bon, pour ta gloire et notre salut, de t'offrir notre action de grâce, toujours et en tout lieu, Seigneur, Père très saint, Dieu éternel et tout-puissant, par le Christ, notre Seigneur. Tu donnes à ton Église de se réjouir en la fête de saint (des saints) N. : par l'exemple qu'il a (qu'ils ont) donné, tu nous encourages, par son (leur) enseignement, tu nous éclaires, à sa (leur) prière, tu veilles sur nous. C'est pourquoi, avec la multitude des anges et des saints, nous chantons l'hymne de ta gloire et sans fin nous proclamons : ***Saint ! Saint ! Saint...***

Préface des saints et saintes, vierges et religieux

Signification de la vie consacrée

Vraiment, il est juste et bon, pour ta gloire et notre salut, de t'offrir notre action de grâce, toujours et en tout lieu, Seigneur, Père très saint, Dieu éternel et tout-puissant. Nous célébrons les prévenances de ton amour pour tant d'hommes et de femmes parvenus à la sainteté en se donnant au Christ à cause du royaume des Cieux. Par ce mystère d'alliance, tu veux que notre condition humaine retrouve sa splendeur première, et que, dès ici-bas, nous ayons un avant-goût des biens que tu nous donneras dans le monde à venir. C'est pourquoi, avec les saints et tous les anges, nous te louons et sans fin nous proclamons :

Saint ! Saint ! Saint, le Seigneur,
Dieu de l'univers !
Le ciel et la terre
sont remplis de ta gloire.
Hosanna au plus haut des cieux.
Béni soit celui qui vient
au nom du Seigneur.
Hosanna au plus haut des cieux.

Sanctus, Sanctus, Sanctus
Dominus Deus Sabaoth.
Pleni sunt cœli et terra gloria tua.
Hosanna in excelsis.
Benedictus qui venit in nomine Domini.
Hosanna in excelsis.

• *Prière eucharistique* **1**
« Toi, Père très aimant… » .... *ci-contre*
• *Prière eucharistique* **2**
« Toi qui es vraiment saint… » .... *p. 239*
• *Prière eucharistique* **3**
« Tu es vraiment saint… » .... *p. 242*
• *Prière eucharistique* **4**
« Père très saint… » .... *p. 245*
• *Prière eucharistique pour*
circonstances particulières nº 2
« Vraiment, tu es saint… » .... *p. 249*

Prière eucharistique n° 1

(Préfaces : p. 229)

Toi, Père très aimant, nous te prions et te supplions par Jésus Christ, ton Fils, notre Seigneur, d'accepter et de bénir + ces dons, ces offrandes, sacrifice pur et saint, que nous te présentons avant tout pour ta sainte Église catholique : accorde-lui la paix et protège-la, daigne la rassembler dans l'unité et la gouverner par toute la terre ; nous les présentons en union avec ton serviteur notre pape N., notre évêque N., et tous ceux qui gardent fidèlement la foi catholique reçue des Apôtres.

Souviens-toi, Seigneur, de tes serviteurs et de tes servantes (de N. et de N.), et de tous ceux qui sont ici réunis, dont tu connais la foi et l'attachement. Nous t'offrons pour eux, ou ils t'offrent pour eux-mêmes et tous les leurs ce sacrifice de louange, pour leur propre rédemption, pour la paix, et le salut qu'ils espèrent ; ils te rendent cet hommage, à toi, Dieu éternel, vivant et vrai.

(1) **En semaine :**

• Unis dans une même communion, vénérant d'abord la mémoire de la bienheureuse Marie toujours vierge, Mère de notre Dieu et Seigneur, Jésus Christ, •••

(2) **Le dimanche :**

• Unis dans une même communion, nous célébrons le jour où le Christ est ressuscité d'entre les morts ; et vénérant d'abord la mémoire de la bienheureuse Marie toujours vierge, Mère de notre Dieu et Seigneur, Jésus Christ, •••

••• et celle de saint Joseph, son époux, des bienheureux Apôtres et martyrs Pierre et Paul, André, [Jacques et Jean, Thomas, Jacques et Philippe, Barthélemy et Matthieu, Simon et Jude,

Lin, Clet, Clément, Sixte, Corneille et Cyprien, Laurent, Chrysogone, Jean et Paul, Côme et Damien,] et de tous les saints, nous t'en supplions : accorde-nous, par leur prière et leurs mérites, d'être toujours et partout, forts de ton secours et de ta protection.

Voici donc l'offrande que nous présentons devant toi, nous, tes serviteurs, et ta famille entière : Seigneur, dans ta bienveillance, accepte-la. Assure toi-même la paix de notre vie, arrache-nous à la damnation éternelle et veuille nous admettre au nombre de tes élus. [Par le Christ, notre Seigneur. Amen.]

Seigneur Dieu, nous t'en prions, daigne bénir et accueillir cette offrande, accepte-la pleinement, rends-la parfaite et digne de toi : qu'elle devienne pour nous le corps et le sang de ton Fils bien-aimé, Jésus, le Christ, notre Seigneur.

La veille de sa passion, il prit le pain dans ses mains très saintes et, les yeux levés au ciel, vers toi, Dieu, son Père tout-puissant, en te rendant grâce il dit la bénédiction, il rompit le pain, et le donna à ses disciples, en disant :
« **Prenez, et mangez-en tous** : ceci est mon corps livré pour vous. »
De même, après le repas, il prit cette coupe incomparable dans ses mains très saintes ; et, te rendant grâce à nouveau, il dit la bénédiction, et donna la coupe à ses disciples, en disant :
« **Prenez, et buvez-en tous**, car ceci est la coupe de mon sang, le sang de l'Alliance nouvelle et éternelle, qui sera versé pour vous et pour la multitude en rémission des péchés. Vous ferez cela en mémoire de moi. »

(1) Il est grand, le mystère de la foi :
— Nous annonçons ta mort, Seigneur Jésus, nous proclamons ta résurrection, nous attendons ta venue dans la gloire.

(2) Acclamons le mystère de la foi :
— Quand nous mangeons ce pain et buvons à cette coupe, nous annonçons ta mort, Seigneur ressuscité, et nous attendons que tu viennes.

(3) Qu'il soit loué, le mystère de la foi :
— Sauveur du monde, sauve-nous ! Par ta croix et ta résurrection, tu nous as libérés.
ou :
Proclamons le mystère de la foi :
— Gloire à toi qui étais mort, gloire à toi qui es vivant, notre Sauveur et notre Dieu : viens, Seigneur Jésus !

Mysterium fidei.
(1) – Mortem tuam annuntiamus, Domine, et tuam resurrectionem confitemur, donec venias.
(2) – Quotiescumque manducamus panem hunc et calicem bibimus, mortem tuam annuntiamus, Domine, donec venias.
(3) – Salvator mundi, salva nos, qui per crucem et resurrectionem tuam liberasti nos.

Voilà pourquoi nous, tes serviteurs, et ton peuple saint avec nous, faisant mémoire de la passion bienheureuse de ton Fils, Jésus, le Christ, notre Seigneur, de sa résurrection du séjour des morts et de sa glorieuse ascension dans le ciel, nous te présentons, Dieu de gloire et de majesté, cette offrande prélevée sur les biens que tu nous donnes, le sacrifice pur et saint, le sacrifice parfait, pain de la vie éternelle et coupe du salut. Et comme il t'a plu d'accueillir les présents de ton serviteur Abel le Juste, le sacrifice d'Abraham, notre père dans la foi, et celui que t'offrit Melkisédek, ton grand prêtre, oblation sainte et immaculée, regarde ces offrandes avec amour et, dans ta bienveillance, accepte-les. Nous t'en supplions, Dieu tout-puissant : qu'elles soient portées par les mains de ton saint Ange en présence de ta gloire, sur ton autel céleste, afin qu'en recevant ici, par notre communion à l'autel, le corps et le sang très saints de ton Fils, nous soyons comblés de la grâce et de toute bénédiction du ciel. [Par le Christ, notre Seigneur. Amen.]

Souviens-toi aussi, Seigneur, de tes serviteurs et de tes servantes (de N. et N.) qui nous ont précédés, marqués du signe de la foi, et qui dorment dans la paix. Pour eux et pour tous ceux qui reposent dans le Christ, nous implorons ta bonté, Seigneur : qu'ils demeurent dans la joie, la lumière et la paix. [Par le Christ, notre Seigneur. Amen.]

Et nous pécheurs, tes serviteurs, qui mettons notre espérance en ta miséricorde inépuisable, admets-nous dans la communauté des saints Apôtres et martyrs, avec Jean Baptiste, Étienne, Matthias et Barnabé, [Ignace, Alexandre, Marcellin et Pierre, Félicité et Perpétue, Agathe, Lucie, Agnès, Cécile, Anastasie,] et tous les saints ; nous t'en prions, accueille-nous dans leur compagnie, sans nous juger sur le mérite mais en accordant largement ton pardon. Par le Christ, notre Seigneur. Par lui, tu ne cesses de créer tous ces biens, tu les sanctifies, leur donnes la vie, les bénis, et nous en fais le don.

Par lui, avec lui et en lui, à toi, Dieu le Père tout-puissant, dans l'unité du Saint-Esprit, tout honneur et toute gloire, pour les siècles des siècles.

– Amen.

Vient ensuite le rite de la communion, p. 252.

Prière eucharistique nº 2

(On peut aussi choisir une autre préface.)

Vraiment, Père très saint, il est juste et bon, pour ta gloire et notre salut, de t'offrir notre action de grâce, toujours et en tout lieu, par ton Fils bien-aimé, Jésus, le Christ : il est ta parole par qui tu as créé toutes choses ; c'est lui que tu nous as envoyé comme Rédempteur et Sauveur, Dieu fait homme, conçu de l'Esprit Saint, né de la Vierge Marie. Pour accomplir jusqu'au bout ta volonté et rassembler un peuple saint qui t'appartienne, il étendit les mains à l'heure de sa passion, afin de briser la mort, et de manifester la résurrection. C'est pourquoi, avec les anges et tous les saints, nous chantons ta gloire, et d'une seule voix nous proclamons :

Saint ! Saint ! Saint,
le Seigneur, Dieu de l'univers !
Le ciel et la terre
sont remplis de ta gloire.
Hosanna au plus haut des cieux. Béni
soit celui qui vient au nom du Seigneur.
Hosanna au plus haut des cieux.

(Voir p. 234 pour la version latine.)

***(1)* En semaine :**

• Toi qui es vraiment saint, toi qui es la source de toute sainteté, Seigneur, nous te prions : •••

***(2)* Le dimanche :**

• Toi qui es vraiment saint, toi qui es la source de toute sainteté, Dieu notre Père, nous voici rassemblés devant toi, et, dans la communion de toute l'Église, nous célébrons le jour où le Christ est ressuscité d'entre les morts. Par lui que tu as élevé à ta droite, nous te prions : •••

••• Sanctifie ces offrandes en répandant sur elles ton Esprit ; qu'elles deviennent pour nous le corps et ✛ le sang de Jésus, le Christ, notre Seigneur.

Prière eucharistique nº 2

Au moment d'être livré et d'entrer librement dans sa passion, il prit le pain, il rendit grâce, il le rompit et le donna à ses disciples, en disant : « **Prenez, et mangez-en tous** : ceci est mon corps livré pour vous. »
De même, après le repas, il prit la coupe ; de nouveau il rendit grâce, et la donna à ses disciples, en disant : « **Prenez, et buvez-en tous**, car ceci est la coupe de mon sang, le sang de l'Alliance nouvelle et éternelle, qui sera versé pour vous et pour la multitude en rémission des péchés. Vous ferez cela en mémoire de moi. »

(1) Il est grand, le mystère de la foi :
— Nous annonçons ta mort,
Seigneur Jésus,
nous proclamons ta résurrection,
nous attendons ta venue dans la gloire.

(2) Acclamons le mystère de la foi :
— Quand nous mangeons ce pain et buvons à cette coupe, nous annonçons ta mort, Seigneur ressuscité,
et nous attendons que tu viennes.

(3) Qu'il soit loué, le mystère de la foi :
— Sauveur du monde, sauve-nous !
Par ta croix et ta résurrection,
tu nous as libérés.
ou Proclamons le mystère de la foi :
— Gloire à toi qui étais mort, gloire à toi qui es vivant, notre Sauveur et notre Dieu : viens, Seigneur Jésus !

(Voir p. 237 pour la version latine.)

En faisant ainsi mémoire de la mort et de la résurrection de ton Fils, nous t'offrons, Seigneur, le pain de la vie et la coupe du salut, et nous te rendons grâce, car tu nous as estimés dignes de nous tenir devant toi pour te servir. Humblement, nous te demandons qu'en ayant part au corps et au sang du Christ, nous soyons rassemblés par l'Esprit Saint en un seul corps.

Prière eucharistique n° 2

Souviens-toi, Seigneur, de ton Église répandue à travers le monde : fais-la grandir dans ta charité en union avec notre pape N., notre évêque N., et tous les évêques, les prêtres et les diacres.

Souviens-toi aussi de nos frères et sœurs qui se sont endormis dans l'espérance de la résurrection, et souviens-toi, dans ta miséricorde, de tous les défunts : accueille-les dans la lumière de ton visage.

Sur nous tous enfin, nous implorons ta bonté : permets qu'avec la Vierge Marie, la bienheureuse Mère de Dieu, avec saint Joseph, son époux, les Apôtres et tous les saints qui ont fait ta joie au long des âges, nous ayons part à la vie éternelle et que nous chantions ta louange et ta gloire, par ton Fils Jésus, le Christ.

Par lui, avec lui et en lui, à toi, Dieu le Père tout-puissant, dans l'unité du Saint-Esprit, tout honneur et toute gloire, pour les siècles des siècles.
— Amen.

Vient ensuite le rite de la communion, *p. 252.*

Prière eucharistique n° 3

(Préfaces : p. 229)

Tu es vraiment saint, Dieu de l'univers, et il est juste que toute la création proclame ta louange, car c'est toi qui donnes la vie, c'est toi qui sanctifies toutes choses, par ton Fils, Jésus Christ, notre Seigneur, avec la puissance de l'Esprit Saint ; et tu ne cesses de rassembler ton peuple, afin que, du levant au couchant du soleil, une offrande pure soit présentée à ton nom.

(1) **En semaine :**

• C'est pourquoi nous te supplions, Seigneur, de consacrer toi-même les offrandes que nous apportons : •••

(2) **Le dimanche :**

• C'est pourquoi nous voici rassemblés devant toi, Dieu notre Père, et, dans la communion de toute l'Église, nous célébrons le jour où le Christ est ressuscité d'entre les morts. Par lui, que tu as élevé à ta droite, nous te supplions de consacrer toi-même les offrandes que nous apportons : •••

••• Sanctifie-les par ton Esprit pour qu'elles deviennent le corps ✠ et le sang de ton Fils, Jésus Christ, notre Seigneur, qui nous a dit de célébrer ce mystère.

La nuit même où il fut livré, il prit le pain, en te rendant grâce il dit la bénédiction, il rompit le pain, et le donna à ses disciples, en disant : « **Prenez, et mangez-en tous** : ceci est mon corps livré pour vous. »

De même, après le repas, il prit la coupe ; en te rendant grâce il dit la bénédiction, et donna la coupe à ses disciples, en disant :

« **Prenez, et buvez-en tous**, car ceci est la coupe de mon sang, le sang de l'Alliance nouvelle et éternelle, qui sera versé pour vous et pour la multitude en rémission des péchés. Vous ferez cela en mémoire de moi. »

(1) Il est grand, le mystère de la foi :
— Nous annonçons ta mort,
Seigneur Jésus,
nous proclamons ta résurrection,
nous attendons ta venue dans la gloire.

(2) Acclamons le mystère de la foi :
— Quand nous mangeons ce pain
et buvons à cette coupe,
nous annonçons ta mort,
Seigneur ressuscité,
et nous attendons que tu viennes.

(3) Qu'il soit loué, le mystère de la foi :
— Sauveur du monde,
sauve-nous !
Par ta croix et ta résurrection,
tu nous as libérés.
ou :
Proclamons le mystère de la foi :
— Gloire à toi qui étais mort,
gloire à toi qui es vivant,
notre Sauveur et notre Dieu :
viens, Seigneur Jésus !
(Voir p. 237 pour la version latine.)

En faisant ainsi mémoire de ton Fils, de sa passion qui nous sauve, de sa glorieuse résurrection et de son ascension dans le ciel, alors que nous attendons son dernier avènement, nous t'offrons, Seigneur, en action de grâce, ce sacrifice vivant et saint. Regarde, nous t'en prions, l'oblation de ton Église, et daigne y reconnaître ton Fils qui, selon ta volonté, s'est offert en sacrifice pour nous réconcilier avec toi. Quand nous serons nourris de son corps et de son sang, et remplis de l'Esprit Saint, accorde-nous d'être un seul corps et un seul esprit dans le Christ.

Que l'Esprit Saint fasse de nous une éternelle offrande à ta gloire, pour que nous obtenions un jour l'héritage promis, avec tes élus : en premier lieu la bienheureuse Vierge Marie, Mère de Dieu, avec saint Joseph, son époux, les bienheureux Apôtres, les glorieux martyrs, (saint N.) et tous les saints, qui ne cessent d'intercéder auprès de toi et nous assurent de ton secours.

Et maintenant nous te supplions, Seigneur : par le sacrifice qui nous réconcilie avec toi, étends au monde entier le salut et la paix. Affermis ton Église, en pèlerinage sur la terre, dans la foi et la charité, en union avec ton serviteur notre pape N., et notre évêque N., l'ensemble des évêques, les prêtres, les diacres, et tout le peuple que tu as racheté. Écoute, en ta bonté, les prières de ta famille, que tu as voulu rassembler devant toi. Dans ta miséricorde, ramène à toi, Père très aimant, tous tes enfants dispersés.

Pour nos frères et sœurs défunts, et pour tous ceux qui ont quitté ce monde et trouvent grâce devant toi, nous te prions : en ta bienveillance, accueille-les dans ton Royaume, où nous espérons être comblés de ta gloire, tous ensemble et pour l'éternité, par le Christ, notre Seigneur, par qui tu donnes au monde toute grâce et tout bien.

Par lui, avec lui et en lui, à toi, Dieu le Père tout-puissant, dans l'unité du Saint-Esprit, tout honneur et toute gloire, pour les siècles des siècles.

– Amen.

Vient ensuite le rite de la communion, p. 252.

Prière eucharistique nº 4

Vraiment, il est bon de te rendre grâce, il est juste et bon de te glorifier, Père très saint, car tu es le seul Dieu, le Dieu vivant et vrai : toi qui es avant tous les siècles, tu demeures éternellement, lumière au-delà de toute lumière. Toi, le Dieu de bonté, la source de la vie, tu as fait le monde pour que toute créature soit comblée de tes bénédictions, et que beaucoup se réjouissent de l'éclat de ta lumière. Ainsi, la foule innombrable des anges qui te servent jour et nuit se tiennent devant toi, et, contemplant la splendeur de ta face, n'interrompent jamais leur louange. Unis à leur hymne d'allégresse, avec la création tout entière qui t'acclame par nos voix, Dieu, nous te chantons (louons) :

Saint ! Saint ! Saint,
le Seigneur,
Dieu de l'univers !
Le ciel et la terre
sont remplis de ta gloire.
Hosanna au plus haut des cieux.
Béni soit celui qui vient
au nom du Seigneur.
Hosanna au plus haut des cieux.

(Voir p. 234 pour la version latine.)

Père très saint, nous proclamons que tu es grand et que tu as fait toutes choses avec sagesse et par amour : tu as créé l'homme à ton image et tu lui as confié l'univers, afin qu'en te servant, toi seul, son Créateur, il règne sur la création. Comme il avait perdu ton amitié par sa désobéissance, tu ne l'as pas abandonné au pouvoir de la mort. Dans ta miséricorde, tu es venu en aide à tous les hommes pour qu'ils te cherchent et puissent te trouver. Tu as multiplié les alliances avec eux, et tu les as formés, par les prophètes, dans l'espérance du salut. Tu as tellement aimé le monde, Père très saint, que tu nous as envoyé ton Fils unique, lorsque les temps furent accomplis, pour qu'il soit notre Sauveur. Dieu fait homme, conçu de l'Esprit Saint, né de la Vierge Marie, il a vécu notre condition humaine en toute chose, excepté le péché, annonçant aux pauvres la bonne nouvelle du salut ; aux captifs, la délivrance ; aux affligés, la joie. Pour accomplir le dessein de ton amour, il s'est livré lui-même à la mort, et, par sa résurrection, il a détruit la mort et renouvelé la vie. Afin que désormais notre vie ne soit plus à nous-mêmes, mais à lui qui est mort et ressuscité pour nous, il a envoyé d'auprès de toi, Père, comme premier don fait aux croyants, l'Esprit Saint qui continue son œuvre dans le monde et achève toute sanctification.

Que ce même Esprit Saint, nous t'en prions, Seigneur, sanctifie ces offrandes : qu'elles deviennent ainsi le corps ✝ et le sang de notre Seigneur Jésus, le Christ, dans la célébration de ce grand mystère, que lui-même nous a laissé en signe de l'Alliance éternelle.

Quand l'heure fut venue où tu allais le glorifier, Père très saint, comme il avait aimé les siens qui étaient dans le monde, il les aima jusqu'au bout : pendant le repas qu'il partageait avec eux, il prit le pain, dit la bénédiction, le rompit et le donna à ses disciples, en disant :
« **Prenez, et mangez-en tous** : ceci est mon corps livré pour vous. »

De même, il prit la coupe remplie de vin, il rendit grâce, et la donna à ses disciples, en disant :
« **Prenez, et buvez-en tous,** car ceci est la coupe de mon sang, le sang de l'Alliance nouvelle et éternelle, qui sera versé pour vous et pour la multitude en rémission des péchés. Vous ferez cela en mémoire de moi. »

Prière eucharistique nº 4

(1) Il est grand, le mystère de la foi :
— Nous annonçons ta mort, Seigneur Jésus, nous proclamons ta résurrection, nous attendons ta venue dans la gloire.

(2) Acclamons le mystère de la foi :
— Quand nous mangeons ce pain et buvons à cette coupe, nous annonçons ta mort, Seigneur ressuscité, et nous attendons que tu viennes.

(3) Qu'il soit loué, le mystère de la foi :
— Sauveur du monde, sauve-nous ! Par ta croix et ta résurrection, tu nous as libérés.

ou : Proclamons le mystère de la foi :
— Gloire à toi qui étais mort, gloire à toi qui es vivant, notre Sauveur et notre Dieu : viens, Seigneur Jésus !

(Voir p. 237 pour la version latine.)

Voilà pourquoi, Seigneur, nous célébrons aujourd'hui le mémorial de notre rédemption : en rappelant la mort du Christ et sa descente au séjour des morts, en proclamant sa résurrection et son ascension à ta droite, en attendant sa venue dans la gloire, nous t'offrons son corps et son sang, le sacrifice qui est digne de toi et qui sauve le monde entier. Regarde, Seigneur, celui qui s'offre dans le sacrifice que toi-même as préparé pour ton Église, et, dans ta bonté, accorde à tous ceux qui vont partager ce pain et boire à cette coupe d'être rassemblés par l'Esprit Saint en un seul corps, pour qu'ils deviennent eux-mêmes dans le Christ une vivante offrande à la louange de ta gloire.

Et maintenant, Seigneur, rappelle-toi tous ceux pour qui nous offrons le sacrifice : en premier lieu, ton serviteur notre pape N., notre évêque N., et l'ensemble des évêques, les prêtres et les diacres, les fidèles qui présentent cette offrande, les membres de notre assemblée, le peuple entier qui t'appartient, et tous ceux qui te cherchent avec droiture.

Souviens-toi aussi de ceux qui sont morts dans la paix du Christ, et de tous les défunts dont toi seul connais la foi.

À nous qui sommes tes enfants, accorde, Père très bon, l'héritage de la vie éternelle auprès de la Vierge Marie, la bienheureuse Mère de Dieu, auprès de saint Joseph, son époux, des Apôtres et de tous les saints, dans ton Royaume. Nous pourrons alors, avec la création tout entière, enfin libérée de la corruption du péché et de la mort, te glorifier par le Christ, notre Seigneur, par qui tu donnes au monde toute grâce et tout bien.

Par lui, avec lui et en lui, à toi, Dieu le Père tout-puissant, dans l'unité du Saint-Esprit, tout honneur et toute gloire, pour les siècles des siècles.
— ***Amen.***

Vient ensuite le rite de la communion, p. 252.

Prière eucharistique pour circonstances particulières nº 2

Vraiment, il est juste et bon, pour ta gloire et notre salut, de t'offrir notre action de grâce, toujours et en tout lieu, Seigneur, Père très saint, Créateur de l'univers et source de toute vie. Car tu n'abandonnes jamais ce que tu crées dans ta sagesse, mais tu te montres bienveillant, toujours à l'œuvre parmi nous. Tu as guidé ton peuple Israël à travers le désert, d'une main forte et d'un bras vigoureux; aujourd'hui encore tu ne cesses d'accompagner ton Église au long de son pèlerinage en ce monde, par la force de ton Esprit Saint, et tu la conduis sur les routes de ce temps vers la joie éternelle de ton royaume, par le Christ, notre Seigneur. C'est pourquoi, avec les anges et les saints, nous chantons l'hymne de ta gloire et sans fin nous proclamons :

Saint ! Saint ! Saint...

(Voir p. 234 pour la version latine.)

Vraiment, tu es saint et digne de louange, Dieu qui aimes tes enfants, toi qui es toujours avec eux sur les chemins de cette vie. Vraiment, ton Fils, Jésus, est béni, lui qui se tient au milieu de nous, quand son amour nous réunit ; comme autrefois pour ses disciples, il nous ouvre les Écritures et il rompt le pain. C'est pourquoi, Père très aimant, nous t'en prions, envoie ton Esprit Saint afin qu'il sanctifie nos offrandes : que ce pain et ce vin deviennent pour nous le corps ✠ et le sang de notre Seigneur Jésus, le Christ.

La veille de sa passion, la nuit de la dernière Cène, il prit le pain, dit la bénédiction, le rompit et le donna à ses disciples, en disant :
« **Prenez, et mangez-en tous** : ceci est mon corps livré pour vous. »
De même, après le repas, il prit la coupe, te rendit grâce, et la donna à ses disciples, en disant :

« **Prenez, et buvez-en tous,** car ceci est la coupe de mon sang, le sang de l'Alliance nouvelle et éternelle, qui sera versé pour vous et pour la multitude en rémission des péchés. Vous ferez cela en mémoire de moi. »

(1) Il est grand, le mystère de la foi :
— Nous annonçons ta mort, Seigneur Jésus, nous proclamons ta résurrection, nous attendons ta venue dans la gloire.

(2) Acclamons le mystère de la foi :
— Quand nous mangeons ce pain
et buvons à cette coupe,
nous annonçons ta mort,
Seigneur ressuscité,
et nous attendons que tu viennes.

(3) Qu'il soit loué, le mystère de la foi :
— Sauveur du monde, sauve-nous !
Par ta croix et ta résurrection,
tu nous as libérés.
ou bien :

Proclamons le mystère de la foi :
— Gloire à toi qui étais mort,
gloire à toi qui es vivant,
notre Sauveur et notre Dieu :
viens, Seigneur Jésus !
(Voir p. 237 pour la version latine.)

Voilà pourquoi, Père très saint, nous faisons mémoire de ton Fils, le Christ, notre Sauveur, que tu as conduit, par la Passion et la mort sur la Croix, à la gloire de la résurrection pour qu'il siège à ta droite ; nous annonçons, jusqu'à ce qu'il vienne, l'œuvre de ton amour, et nous t'offrons le pain de la vie et la coupe de bénédiction. Regarde avec bonté l'offrande de ton Église qui te présente par nos mains ce qu'elle a reçu de toi : le sacrifice pascal du Christ. Que la force de ton Esprit d'amour fasse de nous, dès maintenant et pour l'éternité, les membres de ton Fils, nous qui communions à son corps et à son sang.

Prière eucharistique pour circonstances particulières nº 2

Toi qui nous invites à cette table, Seigneur, fortifie-nous dans l'unité : alors, en union avec notre pape N. et notre évêque N., avec l'ensemble des évêques, les prêtres, les diacres et ton peuple répandu par tout l'univers, nous avancerons sur tes chemins dans la foi et l'espérance, et nous pourrons apporter au monde la confiance et la joie.

Souviens-toi de nos frères et sœurs (N. et N.) qui se sont endormis dans la paix du Christ, et de tous les morts dont toi seul connais la foi : accueille-les dans la joie et la clarté de ton visage et donne-leur, par la résurrection, la plénitude de la vie. Et lorsque prendra fin notre pèlerinage sur la terre, reçois-nous dans la demeure où nous vivrons près de toi pour toujours.
Alors, avec la Vierge Marie, la bienheureuse Mère de Dieu, avec les Apôtres, les martyrs, (saint N. : *le saint du jour ou le saint patron*) et tous les saints, nous pourrons te louer et te magnifier, par ton Fils, Jésus, le Christ.

Par lui, avec lui et en lui, à toi, Dieu le Père tout-puissant, dans l'unité du Saint-Esprit, tout honneur et toute gloire, pour les siècles des siècles.
— Amen.

Vient ensuite le rite de la communion, p. 252.

RITE DE LA COMMUNION

Notre Père

(1) Comme nous l'avons appris du Sauveur, et selon son commandement, nous osons dire :

(2) Unis dans le même Esprit, nous pouvons dire avec confiance la prière que nous avons reçue du Sauveur :

Notre Père qui es aux cieux, que ton nom soit sanctifié,
que ton règne vienne, que ta volonté soit faite sur la terre comme au ciel.
Donne-nous aujourd'hui notre pain de ce jour. Pardonne-nous nos offenses,
comme nous pardonnons aussi à ceux qui nous ont offensés.
Et ne nous laisse pas entrer en tentation, mais délivre-nous du Mal.

(3) *Præceptis salutaribus moniti, et divina institutione formati, audemus dicere : Pater noster, qui es in cælis : sanctificetur nomen tuum ; adveniat regnum tuum ; fiat voluntas tua, sicut in cælo, et in terra. Panem nostrum cotidianum da nobis hodie ; et dimitte nobis debita nostra, sicut et nos dimittimus debitoribus nostris ; et ne nos inducas in tentationem ; sed libera nos a malo.*

Délivre-nous de tout mal, Seigneur, et donne la paix à notre temps : soutenus par ta miséricorde, nous serons libérés de tout péché, à l'abri de toute épreuve, nous qui attendons que se réalise cette bienheureuse espérance : l'avènement de Jésus Christ, notre Sauveur.

— Car c'est à toi qu'appartiennent le règne,
la puissance et la gloire pour les siècles des siècles !

Échange de la paix

Seigneur Jésus Christ, tu as dit à tes Apôtres : « Je vous laisse la paix, je vous donne ma paix » ; ne regarde pas nos péchés mais la foi de ton Église ; pour que ta volonté s'accomplisse, donne-lui toujours cette paix, et conduis-la vers l'unité parfaite, toi qui vis et règnes pour les siècles des siècles. ***– Amen.***

Que la paix du Seigneur soit toujours avec vous. ***– Et avec votre esprit.***

Dans la charité du Christ, donnez-vous la paix.

Fraction du pain

Que le corps et le sang de notre Seigneur Jésus Christ, réunis dans cette coupe, nourrissent en nous la vie éternelle.

Agneau de Dieu

Agneau de Dieu, qui enlèves les péchés du monde, prends pitié de nous. *(bis)*
Agneau de Dieu, qui enlèves les péchés du monde, donne-nous la paix.

Agnus Dei, qui tollis peccata mundi, miserere nobis. (bis)
Agnus Dei, qui tollis peccata mundi, dona nobis pacem.

Communion

(1) Seigneur Jésus Christ, Fils du Dieu vivant, selon la volonté du Père et avec la puissance du Saint-Esprit, tu as donné, par ta mort, la vie au monde ; que ton corps et ton sang très saints me délivrent de mes péchés et de tout mal ; fais que je demeure fidèle à tes commandements et que jamais je ne sois séparé de toi.

(2) Seigneur Jésus Christ, que cette communion à ton corps et à ton sang n'entraîne pour moi ni jugement ni condamnation ; mais que, par ta bonté, elle soutienne mon esprit et mon corps et me donne la guérison.

Voici l'Agneau de Dieu, voici celui qui enlève les péchés du monde.
Heureux les invités au repas des noces de l'Agneau !
– Seigneur, je ne suis pas digne de te recevoir ;
mais dis seulement une parole, et je serai guéri.

Chant de communion ou antienne de la communion.

Prière après la communion voir à la date du jour.

RITE DE CONCLUSION

Le Seigneur soit avec vous.
– Et avec votre esprit.
Que Dieu tout-puissant vous bénisse, le Père, et le Fils, ✠ et le Saint-Esprit.
– Amen.

Puis le diacre, ou le prêtre lui-même, les mains jointes, tourné vers l'assemblée, dit :
(1) Allez, dans la paix du Christ.
(2) Allez porter l'Évangile du Seigneur.
(3) Allez en paix, glorifiez le Seigneur par votre vie.
(4) Allez en paix.
– Nous rendons grâce à Dieu.

Chants pour la célébration

ants en rouge sont consultables à la page indiquée. **Les chants en noir** sont référencés avec leur cote SECLI.

Ouverture	Renvoi	Communion / Action de grâce	Renvoi
Laisserons-nous à notre table	p. 257	Heureux ceux qui sont invités	DP65-04
Pour avancer ensemble	KD20-38	Reçois nos vies	p. 262
Rassemblés dans ta maison de lumière	A63-74-2	Mon Père, je m'abandonne à toi	DEV44-69
Ne craignez pas	p. 256	Père, Seigneur du ciel et de la terre	p.266
Dieu Très-Haut qui fait merveille	Y127-1	Seigneur du ciel et de la terre	XY48-47
Souffle imprévisible	p. 256	Vous tous qui peinez	U13-21
Que vive mon âme à te louer	p. 258	Partageons le pain du Seigneur	p. 264
Il est venu marcher	M157-4	Dieu est à l'œuvre en cet âge	EP44-33-2
Sur les chemins du monde	G127	Heureux, bienheureux	Taizé
Au cœur de ce monde	EA238-1	Grain de blé	GX510
Ouvriers de la paix	XW13-92-1	Nous t'avons reconnu Seigneur	D59-24
Adveniat regnum tuum	p. 260	Ô toi l'au-delà de tout	p. 261
Appelés pour bâtir le Royaume	TK51-32	Tenons en éveil la mémoire du Seigneur	Y243-1
L'espoir de la terre	X962-2	Voici le pain que donne Dieu	p. 263
Acclamez le Seigneur	p. 259	Je te cherche, Dieu	DEV162

Suggestions pour juillet 2023 proposées par Thibault Van Den Driessche, avec ChantonsenÉglise

Ne craignez pas *(Ouverture)*

R559 ; T. : M. Scouarnec ; M. : J. Akepsimas ; Studio SM.

Refrain : **Ne craignez pas pour votre corps, ne craignez pas devant la mort.**
Levez les yeux vers le Seigneur ; criez vers lui sans perdre cœur.

① **Vous qui ployez sous le fardeau,**
vous qui cherchez le vrai repos.

② **Vous qui tombez sur le chemin,**
le cœur blessé par les chagrins.

③ **Vous qui pleurez dans vos prisons,**
vous qui fuyez votre maison.

④ **Vous que la haine a déchirés,**
vous que les hommes ont crucifiés.

Souffle imprévisible *(Ouverture / Envoi)*

K28-44 ; T. : C. Bernard ; M. : J. Akepsimas ; Studio SM.

Refrain : **Esprit de vérité, brise du Seigneur,**
Esprit de liberté, passe dans nos cœurs.

① **Souffle imprévisible, Esprit de Dieu,**
vent qui fait revivre, Esprit de Dieu,
souffle de tempête, Esprit de Dieu,
ouvre nos fenêtres, Esprit de Dieu !

② **Flamme sur le monde, Esprit de Dieu,**
feu qui chasse l'ombre, Esprit de Dieu,
flamme de lumière, Esprit de Dieu,
viens dans nos ténèbres, Esprit de Dieu !

③ **Fleuve des eaux vives, Esprit de Die**
chant de l'autre rive, Esprit de Dieu,
fleuve au long voyage, Esprit de Die
porte-nous au large, Esprit de Dieu !

④ **Voix qui nous rassemble, Esprit de Die**
cri d'une espérance, Esprit de Dieu,
voix qui nous réveille, Esprit de Dieu
clame la nouvelle, Esprit de Dieu !

aisserons-nous à notre table (Ouverture)

77 ; T. : M. Scouarnec ; M. : J. Akepsimas ; Studio SM.

Refrain : **Ne laissons pas mourir la terre,
ne laissons pas mourir le feu.
Tendons nos mains vers la lumière,
pour accueillir le don de Dieu,
pour accueillir le don de Dieu.**

① Laisserons-nous à notre table
un peu de place à l'étranger ?
Trouvera-t-il quand il viendra
un peu de pain et d'amitié ?

② Laisserons-nous à nos paroles
un peu de temps à l'étranger ?
Trouvera-t-il quand il viendra
un cœur ouvert pour l'écouter ?

③ Laisserons-nous à notre fête
un pas de danse à l'étranger ?
Trouvera-t-il quand il viendra
des mains tendues pour l'inviter ?

④ Laisserons-nous à nos fontaines
un peu d'eau vive à l'étranger ?
Trouvera-t-il quand il viendra
des hommes libres et assoiffés ?

⑤ Laisserons-nous à nos églises
un peu d'espace à l'étranger ?
Trouvera-t-il quand il viendra
des cœurs de pauvres
et d'affamés ?

Que vive mon âme à te louer (Ouverture)

T. et M. : B. Ducatel; Éd. de l'Emmanuel.

Refrain : **Que vive mon âme à te louer,**
tu as posé une lampe,
une lumière sur ma route,
ta parole Seigneur, ta parole Seigneur.

① **Heureux ceux qui marchent dans tes voies Seigneur !**
De tout mon cœur je veux garder ta parole,
ne me délaisse pas, Dieu de ma joie.

② **Heureux ceux qui veulent faire ta volonté !**
Je cours sans peur sur la voie de tes préceptes
et mes lèvres publient ta vérité.

③ **Heureux ceux qui suivent tes commandements !**
Oui, plus que l'or, que l'or fin, j'aime ta loi ;
plus douce que le miel est ta promesse.

④ **Heureux ceux qui méditent sur la sagesse !**
Vivifie-moi, apprends-moi tes volontés ;
dès l'aube, de ta joie tu m'as comblé.

cclamez le Seigneur *(Ouverture)*

9-72 ; T. : d'après le message de saint Jean-Paul II ; M. : J.-B. du Jonchay ; Le Carmel.

frain : **Acclamez le Seigneur, vous qui marchez sur ses pas,**
c'est lui votre Roi ! Ouvrez tout grand vos cœurs,
portez en lui votre croix, c'est lui votre vie, secret de votre joie !

Jésus, Sauveur de tous les hommes, Jésus, Fils bien-aimé du Père.
C'est lui qui nous a tant aimés. Venez à lui, vous trouverez la paix !

Le Christ veut combler notre cœur, donner la vie en plénitude,
lui seul pourra nous rassasier. Accueillez-le, recevez son amour !

Marchez sur le chemin de vie, chemin de foi et de confiance,
chemin de joie, de pauvreté, chemin d'amour et de miséricorde.

Laissez tout ce qui vous entrave, en lui, la grâce vous libère
pour vivre dans la vérité, pour vous donner, pour aimer sans mesure.

Allez sur les chemins du monde, courez au service des hommes,
soyez brûlants de charité pour témoigner de la grande espérance.

Marie, ô Mère du Seigneur, Marie, première des disciples,
toujours, tu chemines avec nous, conduis nos pas dans la clarté de Dieu.

Louange au Père qui nous aime, louange au Fils qui nous appelle,
louange à l'Esprit de lumière, à notre Dieu, la gloire pour les siècles !

Adveniat regnum tuum (Ouverture)

M55-82 ; T. : J. Nieuviarts ; M. : M. Wackenheim ; Bayard.

) Tu dis un monde à enchanter
de gestes forts et d'amitié.
Bonheur à l'artisan de paix,
il est reflet de ta beauté.

) Tu fais le choix des plus petits,
tu nous apprends à les bénir.
Tu aimes l'homme au cœur contrit,
il est reflet de ta beauté.

④ Tu romps le pain pour l'affamé,
tu rends courage à l'épuisé.
Tu es la joie du cœur brisé,
il est reflet de ta beauté.

⑤ Tu ouvres au pauvre ta maison,
sur lui tu fais briller ton nom.
Heureux le cœur de compassion,
il est reflet de ta beauté.

Ô toi, l'au-delà de tout *(Action de grâce)*

et M. : Taizé ; Ateliers et presses de Taizé.

Reçois nos vies (Action de grâce)

T. et M. : A. Broeders ; Éd. de l'Emmanuel.

Voici le pain que donne Dieu (Communion)

D50-07-2 ; T. : CNPL/D. Rimaud ; M. : M. Wackenheim ; Bayard Liturgie.

② **Mangeons le pain livré pour nous,**
le pain de vie qui donne Dieu ;
buvons le sang versé pour nous,
le sang qui lave tout péché. *(bis)*

③ **La coupe que nous bénissons**
est communion au sang du Christ ;
le pain qu'ensemble nous rompons
est communion au corps du Christ. *(bis)*

④ **Si nous mangeons la chair du Christ,**
en Dieu nous demeurons vivants ;
si nous buvons le sang du Christ,
la vie de Dieu demeure en nous. *(bis)*

⑤ **Ce pain est force au long des jours,**
ce pain est jour au long des nuits ;
ce vin est source en plein désert,
il est l'ivresse de l'Esprit. *(bis)*

Partageons le pain du Seigneur (Action de grâce)

D39-31 ; T. : J. Hameline ; M. : J. Berthier / Populaire ; Bayard.

Refrain : **Partageons le pain du Seigneur à la table de l'univers.**
C'est le don sans retour de l'amour de notre Dieu.

② **Venez à moi, vous tous qui gémissez sous l'injustice,**
c'est moi qui suis pour vous la loi libératrice.

③ **Venez à moi, vous tous qui trébuchez dans les ténèbres,**
sur vous s'élèvera l'éclat de ma lumière.

④ **Venez à moi, vous tous dont on méprise l'espérance,**
je viens pour relever les humbles qui attendent.

⑤ **Venez à moi, vous tous qui avez faim du don céleste,**
je viens pour partager le pain de votre vie.

⑥ **Venez à moi, vous tous qui cheminez sans but sur terre,**
je viens pour vous montrer la route vers le Père.

⑦ **Venez à moi, vous tous qui convoitez richesse et gloire,**
en moi la pauvreté a trouvé sa noblesse.

⑧ **Venez à moi, vous tous qui avez soif de ma parole,**
en moi vous trouverez la force inépuisable.

Père, Seigneur du ciel et de la terre (Action de grâce)

Y568 ; T. : G. du Boullay ; M. : A. Langree ; Éd. de l'Emmanuel.

Refrain : **Père, Seigneur du ciel et de la terre,**
Père, je proclame ta louange.

① Ce que tu as caché
aux sages et aux savants,
Père tu l'as révélé aux tout-petits
selon ton plaisir.

② Oui, bienheureux les yeux qui voient
ce que vous voyez,
bien des rois et des prophètes auraient voulu
voir ce que vous voyez.

③ Venez à moi vous qui ployez
sous le fardeau,
et je vous soulagerai car je suis doux
et humble de cœur.

CHANTS POUR L'ORDINAIRE

MESSE DE SABLONCEAUX

Kyrie

T. AELF ; M. : Communauté du Chemin Neuf ; Audiovisuel Musique Évangélisation.

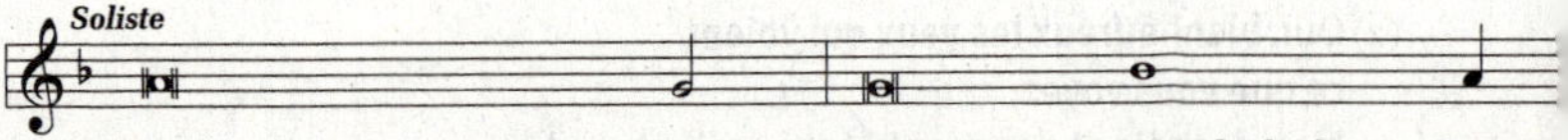

1. Seigneur Jésus, Dieu fait homme, Lumière née de la lu - mière,
2. Christ de Dieu, Emmanu - el, Soleil le - vant sur notre terre,
3. Jésus Sauveur, vie éter - nelle, Lumière jail - lie dans nos té-nèbre

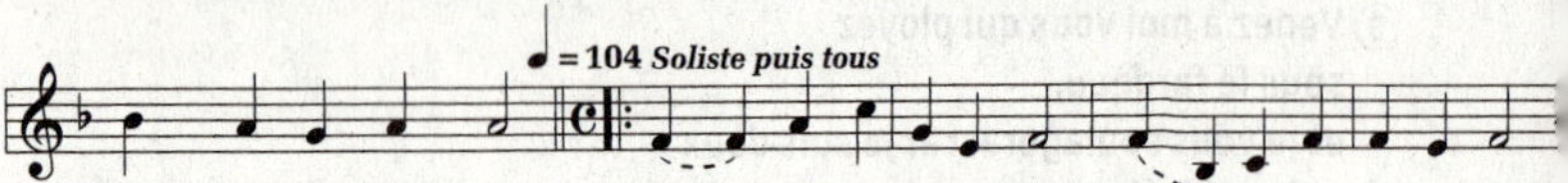

prends pi-tié de nous! **Ky - ri - e e-le-i-son, Ky-ri-e e - le - i-son.**
prends pi-tié de nous! **Chris - te e-le-i-son, Chris - te e - le - i-son.**
prends pi-tié de nous! **Ky - ri - e e-le-i-son, Ky-ri-e e - le - i-son.**

Gloria

: AELF; M. : Communauté du Chemin Neuf; Audiovisuel Musique Évangélisation.

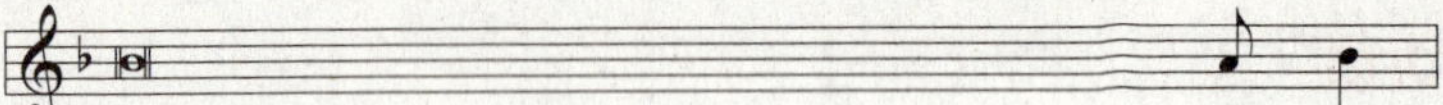

(1) Nous te louons, nous te bénissons, nous t'a - do - rons,
(2) Seigneur, Fils unique Jé - sus Christ,
(3) Toi qui es assis à la droite du Père,
(4) avec le Saint - Es - prit

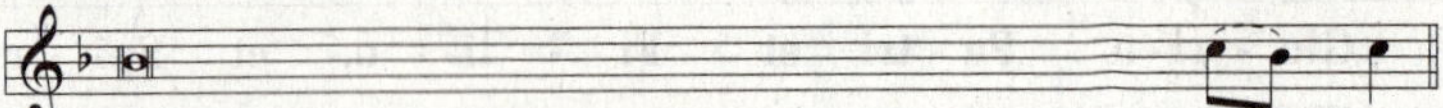

(1) nous te glorifions, nous te rendons grâce pour ton immense gloire.
(2) Seigneur Dieu, Agneau de Dieu, le Fils du Père.
(3) prends pi - tié de nous.
(4) dans la gloire de Dieu le Père. A - men.

Sanctus

T. AELF; M. : Communauté du Chemin Neuf; Audiovisuel Musique Évangélisation.

Saint! Saint! Saint, le Sei-gneur, Dieu de l'u - ni - vers!

Saint! Saint! Saint, le Sei-gneur, Dieu de l'u - ni - vers!

Agnus Dei

T. AELF; M. : Communauté du Chemin Neuf; Audiovisuel Musique Évangélisation.

LES RENDEZ-VOUS DE JUILLET 2023

SOMMAIRE

Le temps aidant

Le Pèlerin a 150 ans. C'est sûrement l'évènement de ce mois juillet. À l'origine, ainsi que le rappelle le reportage d'Anne-Quitterie Jozeau, *Le Pèlerin* est un bulletin de liaison entre les nombreux pèlerins se rendant à Lourdes. Peu à peu, il devient l'hebdomadaire d'actualité catholique pour le grand public que nous connaissons.

Dieu se tient à nos côtés. Jacques Nieuviarts revient pour nous sur l'épisode de l'ânesse de Balaam. Cette bête, brutalisée à coups de bâton, voit la présence de Dieu bien plus vite que son maître. Dans son aveuglement, il a fallu à Balaam entendre son ânesse parler pour voir le Seigneur et se prosterner devant lui.

Se laisser dépasser par les évènements spirituels n'est pas une fatalité. Anne Lécu évoque le parcours des parents de l'aveugle de naissance guéri par Jésus. Soupçonnés d'être pour quelque chose dans la cécité de leur fils, ils sont suspectés de complicité dans sa guérison. Finalement, l'intervention de Jésus ébranle toute la vie de l'aveugle et son entourage. Le temps aidant, la joie sera complète. ■

Karem Bustica
Rédactrice en chef de Prions en Église

« Se laisser dépasser par les évènements spirituels n'est pas une fatalité. »

Jacques Nieuviarts, prêtre assomptionniste

L'ange du Seigneur et l'ânesse

Chargé par Balaq, roi de Moab, d'aller maudire les Israélites, le devin Balaam part à dos d'ânesse. Ayant consulté le Seigneur et croisé son ange, il n'aura pas de mots assez forts pour bénir les fils d'Israël.

Dans le livre des Nombres, des Israélites marchaient vers la Terre promise. Ils passèrent au pied des monts de Moab. Le roi Balaq, effrayé par cette nuée dans la vallée, prit peur et convoqua son devin Balaam pour maudire ce peuple (Nb 22 – 24). Curieusement, le Seigneur – le récit biblique le dit de façon insistante – parla au cœur de Balaam. Ainsi, il ne dirait que les paroles que le Seigneur lui inspirerait. Un devin est chargé de divination, c'est-à-dire de parler au nom du dieu qu'il sert. Oubliés les dieux de Moab, Balaam ne parlera qu'au nom du Dieu d'Israël et bénira ce peuple. Le roi Balaq l'emmène sur les monts les plus hauts pour qu'il prenne la mesure de la malédiction à prononcer, et va jusqu'à le menacer. Mais rien n'y fait, Balaam n'a que des paroles de bénédiction, jusqu'à émettre l'un des plus beaux oracles messianiques de la Bible (Nb 24, 17), à travers lequel on en entend résonner bien d'autres (Gn 49, 9 ; Mi 5, 1-4 ; Ps 2 ; 2 S 7, 12 ; Is 7, 14 ; 11, 1-2).

Mais, direz-vous, où sont donc passés l'ange et l'ânesse ? Dès le début de l'histoire, Balaam écoute la voix du Seigneur et refuse d'accompagner les envoyés du roi. Le Seigneur lui enjoint de le faire puis, curieusement, aussitôt s'irrite : énigme du texte (Nb 22, 21-22) ! Balaam se lève de bon matin et selle son ânesse pour partir, mais cela déclenche la colère de Dieu, et l'ange du Seigneur se tient au milieu du chemin, l'épée à la main. L'ânesse tourne bride à travers champs et son maître la bat avec rudesse pour qu'elle revienne. L'ange leur apparaît encore dans un chemin creux au milieu des vignes, bordé de murs à droite et à gauche. Voyant l'ange du Seigneur, l'ânesse rase le mur, y écorchant le pied de Balaam, qui la bat à nouveau. L'ange se tient encore dans un passage resserré, et l'ânesse se couche sous Balaam, qui la brutalise à coups de bâton. Le Seigneur ouvre alors la bouche de l'ânesse : « Que t'ai-je fait pour que tu me frappes par trois fois ? », et il ouvre les yeux de Balaam, qui voit l'ange du Seigneur barrant la route. Il s'incline alors et se prosterne face contre terre.

Balaam voit l'ange du Seigneur barrant la route. Il s'incline alors et se prosterne face contre terre.

La Bible parle parfois de façon si imagée ! C'est ainsi. Et nous, quelles sont nos images pour parler de la présence – réelle – des anges… et de Dieu dans nos propres vies ? ■

LES SECONDS RÔLES DANS LA BIBLE

Anne Lécu, dominicaine

Les parents de l'aveugle

L'aveugle-né voit, et il parle. D'abord soupçonnés d'avoir commis une faute retombée sur leur fils, ses parents, effrayés, sont maintenant sommés par les pharisiens d'expliquer sa guérison.

Nous avons tous en tête l'histoire que Jean nous raconte au chapitre 9 de son évangile. Un aveugle de naissance est guéri après avoir rencontré Jésus qui lui fit une onction de boue sur les yeux. Mais avons-nous pensé aux parents? Tout part d'une discussion entre Jésus et ses disciples, alors qu'ils sortent du Temple et trouvent cet homme sur le bord du chemin. Jésus voit l'homme, quand ses disciples ne voient que l'homme handicapé. « Qui a péché, demandent-ils, lui ou ses parents, pour qu'il soit né aveugle ? » Éternelle question dont nous ne sommes pas guéris. « Qu'est-ce que j'ai fait pour qu'il m'arrive cela ? » ou pire, « pour qu'il arrive cela à mon enfant ? » Les pauvres parents qui n'ont rien demandé à personne sont donc d'emblée associés à une faute qui aurait provoqué le handicap de leur fils.

L'homme aveugle, lui non plus, n'a rien demandé. Et Jésus, pour insister sur le fait que « ni lui ni ses parents n'ont péché », et qu'il lui faut « travailler [...] tant qu'il fait jour », fait une onction de boue avec la terre et sa salive. Une onction, comme on le fait pour oindre un messie. Avec de la terre et de la parole, comme aux premières heures du monde. On comprend que cet évangile soit lu pour la préparation au baptême des catéchumènes, car l'aveugle, une fois l'onction reçue, n'est pas guéri. Il doit faire le chemin d'aller se laver, de croire, donc, à la parole de Jésus. Ce qu'il fait. Et alors il voit. Et surtout, il parle. Il se met même à parler comme Jésus : « C'est moi », dit-il à ceux qui l'interrogent. Littéralement « Je suis », comme le dit Jésus pour signifier de quelle …

Première Alliance

« Qui maudit père et mère, sa lampe s'éteindra au cœur de la nuit ! »

Proverbes 20, 20

... autorité il vient. Et comme lui, il sera mis dehors, après sa discussion plus que vive avec les pharisiens. Qui s'approche du Christ en vient à lui ressembler un peu.

On peut comprendre que les parents soient un peu dépassés par tout cela. Ils sont convoqués par les autorités du Temple et ils ont légitimement peur. On aurait beau jeu de les traiter de lâches. Hier soupçonnés d'être pour quelque chose dans l'aveuglement de leur fils, voilà qu'ils sont désormais suspectés d'un coup fourré dans sa guérison. Qu'il y ait ainsi des personnes un peu perdues dans la Bible, un peu sonnées par les événements qui vont plus vite qu'eux, est finalement assez réconfortant. Combien de parents pourraient se reconnaître dans cette énigme qu'ils éprouvent, faite de joies et d'inquiétudes devant ce que deviennent leurs enfants ? Nul doute qu'une fois le temps de la surprise passé, ils se réjouiront avec leur fils ! ■

Nouvelle Alliance

« Nous savons bien que c'est notre fils, et qu'il est né aveugle. Mais comment peut-il voir maintenant, nous ne le savons pas; et qui lui a ouvert les yeux, nous ne le savons pas non plus. Interrogez-le, il est assez grand pour s'expliquer. »

Jean 9, 20-21

TRÉSORS DE LA LITURGIE

Emmanuelle Billoteau, ermite

Les prières eucharistiques pour des circonstances particulières

L'Église propose des prières eucharistiques pour des circonstances particulières : réconciliation, tenue d'un concile, d'un synode, élection d'un pape, pour les réfugiés, les exilés, etc. Des prières qu'il peut être bon d'explorer dans leur spécificité.

Au cours de son histoire, l'Église a fait preuve d'une grande créativité quant aux prières eucharistiques (PE), sachant que cette partie de la célébration a reçu divers noms : prière d'oblation, anaphore… Ce qui montre que nous sommes en présence d'un mystère pour lequel il est difficile de trouver un terme adéquat. Telles que nous les connaissons aujourd'hui, ces prières (excepté la PE n° 1) comportent une structure commune : un dialogue initial ; l'action de grâce et le Sanctus ; le récit de l'institution eucharistique et l'anamnèse, laquelle fait mémoire du Christ en sa Passion, sa Résurrection, son exaltation ; l'appel de l'Esprit (épiclèse)…

…sur les dons (le pain et le vin) et sur les participants ; les prières d'intercession ; la doxologie conclusive avec l'amen de l'assemblée. La dimension trinitaire est omniprésente : le Père, le Fils, et aussi l'Esprit. L'eucharistie est « le sacrement éminent de l'Esprit Saint [étant], plus que tout autre, le sacrement de la Pâque du Christ. [Elle est] la visibilité en notre monde de la résurrection de Jésus » (*L'Esprit Saint de Dieu*, F.-X. Durrwell, Le Cerf).

Dans ce cadre, le contenu de la prière peut présenter des accents spécifiques. À titre d'exemple, retenons la prière pour des circonstances particulières nº 4 *(Missel romain)*. Invitation nous y est faite à contempler le Christ Jésus qui « est passé en faisant le bien », ainsi que le rapporte le discours de Pierre chez le païen Corneille (cf. Ac 10, 38). Et contempler ce Christ-là, c'est découvrir le Père sous l'angle de son attention à l'humanité : « Vraiment, il est juste et bon […] de t'offrir notre action de grâce […], à toi, Père des miséricordes et Dieu fidèle. » Et cela, alors que les prières eucharistiques « habituelles » s'adressent au « Père très saint » (PE nº 2), au « Dieu de l'univers qui donne la vie et sanctifie toutes choses » (cf. PE nº 3), au « Père très saint […], le seul Dieu, le Dieu vivant et vrai » (PE nº 4). Dans le « Père des miséricordes », nous reconnaissons la bénédiction de la deuxième lettre aux Corinthiens (2 Co 1, 3) et, donc, un Dieu à l'amour surabondant qui va au-delà de nos refus et de nos infidélités. Et la prière pour des circonstances particulières nº 4 de poursuivre : « Car tu nous as donné ton Fils, Jésus, le Christ, comme Seigneur et comme Rédempteur. Il a toujours fait preuve de miséricorde envers les petits et les pauvres, les malades et les pécheurs; il s'est fait le prochain des opprimés et des affligés. Sa parole et ses actes ont annoncé au monde que tu es le Père et que tu prends soin de tous tes enfants. » Le propos est conforme aux évangiles, particulièrement à celui de Luc, mais aussi à ce que l'Ancien Testament nous dit de Dieu qui entend le cri du pauvre, ne méprise pas sa prière, est riche en pardon (Ps 68, 33; 102, 8...). La paternité de Dieu est mise en valeur, avec la capacité à pardonner évoquant la parabole du fils prodigue (Lc 15, 11-32). La dimension affective est présente, mais il est important de se souvenir que le mot araméen « fils » est construit sur la racine sémitique de la « séparation » : le fils est « l'autre du Père », ce qui est aux antipodes d'un amour fusionnel. La cohérence de Jésus entre ses paroles et ses actes est mentionnée, ce qui peut susciter notre désir de poursuivre la lecture des évangiles sous cet angle. Nous retrouvons ces thématiques après le Sanctus : la prière s'adresse à Dieu « qui aime ses enfants » et leur est proche, faisant écho à la rencontre du Ressuscité avec les disciples sur le chemin d'Emmaüs : métaphore du chemin, ouverture au sens des Écritures, fraction du pain. Et c'est à la rencontre de ce Dieu-là, manifesté en Jésus, que la liturgie nous introduit – lui qui ne cesse de venir à nous, anticipant son retour en gloire dans nos célébrations liturgiques. ■

Dans cette prière eucharistique, nous reconnaissons un Dieu à l'amour surabondant qui va au-delà de nos refus et de nos infidélités.

LE SYNODE VU DE L'ÉTRANGER

Des témoins du synode sur la synodalité – qui poursuit son chemin dans sa phase continentale – nous racontent ce qui se vit dans leur pays.

Le « kairos » colombien

DR

Jonathan Ruiz, religieux assomptionniste, habite depuis cinq ans à Bogota, en Colombie. Il anime la pastorale du collège Emmanuel-d'Alzon auprès de jeunes de 4 à 17 ans.

BOGOTA, COLOMBIE « En général, l'Église colombienne a participé activement au synode sur la synodalité. De vrais efforts ont été déployés pour toucher le plus grand nombre de communautés ecclésiales et de la société civile. Nous avons proposé des vidéos, des forums, des sondages, des émissions de radio, des dessins et programmes adaptés aux enfants et aux jeunes afin de recueillir le maximum d'expressions dans la phase de consultation. Dans l'ensemble, cette phase a été bien accueillie, avec un réel enthousiasme.

Au niveau de la pastorale scolaire, nous avons travaillé avec les élèves, leurs familles et la communauté éducative. Nous avons fait du chemin synodal une expérience "inclusive" afin de prendre conscience que toutes et tous, qui que nous soyons, quels que soient notre origine, notre âge ou encore notre vocation, nous sommes, tous ensemble, le peuple de Dieu. Notre défi est de former une communauté capable de dépasser le clivage entre clercs et laïcs, très enraciné dans la culture de notre pays.

Cette période a été vécue comme un “kairos” (un moment favorable) dans lequel la voix de l’Esprit Saint retentit en faveur du renouveau de l’Église. Le document final des évêques résume bien cette démarche et nous nous sommes retrouvés dans les dix-huit conclusions retenues.

Parmi les points identifiés dans la synthèse des évêques, je retiens en premier la demande d’une pastorale qui encourage le soin de la maison commune. Il me semble qu’il incombe à l’Église de soutenir la prise en compte d’une écologie intégrale, humaine et environnementale à tous les niveaux. Je pense notamment aux enjeux spécifiques de la Colombie : la région d’Amazonas, à la frontière du Pérou et du Brésil, l’industrie pétrolière, l’extraction des pierres précieuses…

En deuxième point, je souligne l’importance de mettre en place des environnements sûrs pour les enfants, les adolescents et les adultes vulnérables. La reconnaissance des abus sexuels, de pouvoir et de conscience, n’est pas encore généralisée dans l’Église colombienne. Le chemin synodal demande déjà de soutenir et d’accompagner les victimes d’abus, en collaboration avec les autorités civiles et judiciaires. De même, il est demandé une formation plus responsable, conduisant les séminaristes, religieux, religieuses et prêtres vers une maturité affective.

Le chemin synodal a ouvert bien des perspectives. Mais concrètement, quels seront les résultats ? » ■

Propos recueillis par
Karem Bustica

Vencelas Deblock, prêtre du diocèse de Cambrai, historien de l'art

La présidence, lieu du dialogue

Comme tout aménagement liturgique, le lieu de présidence revêt une signification bien précise. Il est le signe visible que la liturgie est un dialogue entre Dieu et son peuple.

Dans la liturgie, Dieu s'expose, se donne, parle. L'assemblée n'est pas seule, mais convoquée par le Christ. C'est à sa suite qu'elle prie. Et lorsque l'assemblée et le prêtre célèbrent ensemble le mystère du Christ, chacun a son propre rôle à jouer. Les lieux de présidence de nos églises expriment la recherche d'une juste attitude du rapport entre le célébrant et l'assemblée. Car le ministre n'est pas hors du peuple de Dieu. Dans les prières qu'il prononce, il utilise le « nous », non par majesté, mais en s'incluant dans l'assemblée. Lorsqu'il utilise le « vous » – comme dans le « Seigneur soit avec vous » –, il se place cette fois en dialogue avec l'assemblée, qui lui répond par « et avec votre esprit ». Le lieu de présidence doit pouvoir exprimer, jusque dans l'organisation spatiale, cette délicate articulation entre le « nous » et le « vous ».

Les sièges de présidence peuvent être très divers : cathèdres épiscopales dans les cathédrales, sièges ordinaires ou harmonisés avec l'autel et l'ambon, placés dans l'axe ou latéralement… Mais ils répondent à une fonction précise et, de là, doivent obéir à des règles pratiques. Ils doivent notamment être visibles et permettre la meilleure écoute pour tous. Car le siège renvoie au Christ, qui est la tête de l'Église, et le ministre qui l'occupe a reçu une grâce et une mission particulière au service de l'Église. Il agit dans la liturgie en son nom, *in persona Christi*. Toutefois, le *Missel romain* demande « d'éviter toute apparence de trône ».

Cathèdre, cathédrale Notre-Dame de Rouen (76).

Car, davantage que par l'emplacement d'un siège, la présidence se manifeste par les gestes et les mots du prêtre quand il est au service de la Parole ou de l'eucharistie. C'est ce qu'exprime la formule utilisée pour bénir un siège de présidence : « Seigneur Jésus Christ, tu as enseigné aux pasteurs de ton Église à ne pas chercher à être servis mais à servir leurs frères. Accorde à ceux qui prendront place à ce siège de proclamer avec force ta parole, de célébrer dignement tes mystères de manière à te louer sans fin, avec le peuple qui leur a été confié. » ■

Propos recueillis par **Frédéric Pascal**, journaliste

Apprendre du bon larron

Antoine Gasser, 85 ans, enseignant en lettres classiques à la retraite, vit à Sélestat (Bas-Rhin). Abonné de longue date à *Prions en Église,* il évoque son approche de la prière avec la revue, face à la maladie qui l'épuise.

« En 2021, ma vie d'homme fort en bonne santé a basculé. Le cancer m'a cassé physiquement. Depuis janvier 2022, je suis soigné par chimiothérapie. Je n'ai pas de douleurs, mais mon corps est complètement épuisé par les traitements. J'ai découvert ce que la dépendance signifie. C'est très dur.

La maladie transforme ma vie de prière. Est-ce que je demande la guérison ? Est-ce que je dois accepter les épreuves ? C'est parfois l'un, parfois l'autre. Je m'accroche mais ma foi n'est pas touchée. La nuit, je mets à profit mes insomnies. Je récite lentement des psaumes et des textes que je connais par cœur. Je me lève désormais après ma femme. Après cinquante-neuf ans à lui préparer son petit-déjeuner, c'est elle maintenant qui me le prépare et qui prend tout en charge à la maison. Dans la journée, je prie l'une ou l'autre des Heures sur l'application de *Prions*. J'utilise mon téléphone. J'ai tout à portée de la main, c'est pratique. Je prie très souvent les nones, où l'on médite la mort du Christ en Croix.

© Sandrine Martin

Je suis marqué par l'histoire du bon larron *[N.D.L.R.: cf. Lc 23, 33.39-43]*. Deux brigands entourent Jésus. L'un se moque de lui, l'autre essaie de le raisonner: "Nous avons ce que nous méritons. Lui n'a rien fait de mal." Puis, il se tourne vers le Christ: "Jésus, souviens-toi de moi quand tu seras dans ton Royaume." Cette attitude m'enseigne comment vivre en chrétien: se tourner vers l'autre avant de se tourner vers Jésus. Le Christ, cloué sur la Croix, dans les pires souffrances, tourne son regard vers l'homme et lui accorde ce qu'il lui demande: "Aujourd'hui, avec moi, tu seras dans le Paradis." Ce regard du Christ me dit qu'il est là, présent, toujours prêt à nous aider. Depuis longtemps, je cherchais à trouver une plus grande intimité avec Jésus. Cette relation entre Jésus et le bon larron m'a aidé: elle ne passe pas par des mots, mais par cette présence, ce regard. Je peux maintenant me confier à la tendresse de Dieu: "Que ta volonté soit faite." » ■

QUESTION DU MOIS

L'été, notre foi est-elle en vacances ?

Vie de famille, vie paroissiale et toute la société sont rythmées par le calendrier des congés scolaires. Chaleur de l'été, repos, relâchement des horaires, découverte de nouveaux paysages, rencontres et retrouvailles, tout cela peut-il mettre notre foi « en mode vacances » ? Sans nous imposer de strictes contraintes, il convient de penser à nourrir notre foi, à l'enrichir au cours de ce temps différent. Car la foi est d'ordre relationnel et, si aucune relation ne peut souffrir l'oubli ou la mise à l'écart, c'est encore plus vrai de notre relation à Dieu.

Méditer la Parole, s'émerveiller de la Création, célébrer avec plus de joie sont facilement à portée de main. Certains diocèses fournissent des idées et propositions concrètes pour refaire nos forces spirituelles durant les vacances. Un temps de retraite spirituelle n'est pas obligatoire, c'est le désir de vivre avec le Seigneur qui importe. « Vivre dans le monde sans être du monde » (cf. Jn 17, 15-16), vivre nos vacances sans mettre notre foi entre parenthèses. Réveiller notre capacité de contemplation, de louange du Créateur, avoir soif de découvertes et un grand appétit de l'Évangile, nous réjouir d'aller à la rencontre des autres et nous ouvrir à l'Esprit Saint : en résumé, emmener Dieu en vacances et le laisser tenir le gouvernail. ■

Michèle Clavier,
théologienne

CROISIÈRE SUR LE RHÔNE

Sur les pas des premiers chrétiens en Gaule

Pour nous, chrétiens de 2023, ce pèlerinage croisière permettra de découvrir nos aînés, les premiers chrétiens de Gaule. Leur histoire est proche de la nôtre, nos défis étaient déjà les leurs : rendre audible l'Évangile à leurs contemporains, savoir lire les « signes des temps », traverser les crises… De Marseille jusqu'à Lyon, venez découvrir les évangélisateurs de Provence et de la vallée du Rhône. ■

Sébastien Antoni,
prêtre assomptionniste

© AdobeStock

PRATIQUE **Du samedi 11 au samedi 18 novembre 2023.** Une sélection **"La Croix"**, **"Le Pèlerin"** et **"Prions en Église"** organisée par Terralto.
Renseignements et inscriptions : 01 30 97 05 10 ou www.terralto.com

Inès Daoudi, volontaire de solidarité internationale avec la DCC au Liban

Baptisée auprès des melkites

« En septembre, je suis partie avec la DCC pour une mission d'un an au Liban. J'ai rejoint le Foyer de l'Amitié, à Zahlé, pour être en charge de la recherche de fonds, de la rédaction de projets, de la communication et de la mise en place d'activités pour les enfants du foyer. Le Liban traverse l'une des plus grandes crises économique et politique de son histoire. Néanmoins, force est de constater la résilience des chrétiens d'Orient, dont la solidarité et la foi à toute épreuve les poussent toujours à aller de l'avant. Cette espérance et cette confiance en Dieu m'ont beaucoup touchée, particulièrement dans mon propre chemin spirituel. Après de longues années de recherche, d'échanges et un intérêt de plus en plus vif pour la chrétienté, j'ai fini par découvrir la foi, ma foi en Christ, même si, rétrospectivement, je réalise que Dieu a toujours été à mes côtés. C'est assez naturellement que j'ai pris la décision de me faire baptiser auprès des melkites, l'Église grecque-catholique, l'une des nombreuses composantes orientales de l'Église catholique. Ce baptême au Liban a été pour moi la consécration d'un long parcours mais aussi le commencement d'un nouveau voyage en tant que chrétienne. » ■

DR

Inès Daoudi et les enfants du Foyer de l'Amitié de Zahlé (Liban).

Anne-Quitterie Jozeau, journaliste

Le Pèlerin, 150 ans d'histoire de famille

De simple feuillet destiné aux pèlerins se rendant à Lourdes, *Le Pèlerin* est devenu un hebdomadaire d'actualité catholique destiné au grand public. Le magazine, qui fête ses 150 ans, cultive un lien fort avec ses lecteurs et relie les croyants entre eux.

« Depuis la fin du XIXe siècle, ma famille est fidèle au *Pèlerin* », déclare non sans fierté Régine Martin, âgée de 76 ans, vivant à Roquemaure (30). Abonnée à l'hebdomadaire depuis son mariage il y a plus de 50 ans, cette native des Vosges lit « pratiquement de A à Z le journal chaque semaine ». Journal faisant partie du paysage familial depuis des années, puisque ses grands-parents et parents y étaient également abonnés. Après l'avoir parcouru, Régine Martin transmet le magazine à une voisine, afin qu'elle le lise à son tour et réalise les mots fléchés. L'abonnée de toujours salue l'aspect complet du *Pèlerin* et se réjouit de pouvoir « s'enrichir intellectuellement et spirituellement ».

Avant de devenir l'hebdomadaire que nous connaissons, *Le Pèlerin* naît en 1873 comme un bulletin de liaison. Peu après la Commune de Paris, les Assomptionnistes ont relancé les pèlerinages en France. Pour le premier Pèlerinage national, en 1873, ils créent une feuille d'information pour les croyants qui se rendent à Lourdes. *Le Pèlerin* sera ainsi le premier titre de Bayard (également éditeur de *Prions en Église)*, anciennement appelé Maison de la Bonne Presse. En 1877, le père Vincent-de-Paul Bailly refond le journal : il veut faire du *Pèlerin* un journal destiné au grand public et donne une importance primordiale à l'illustration.

En 2023, cet esprit d'ouverture du père Bailly subsiste. « *Le Pèlerin* est hospitalier, explique Samuel Lieven, directeur de la rédaction depuis 2019. Il fait place à toute la palette de la société et de l'Église. » Dans le magazine trouvent leur place aussi bien le récit que l'illustration, les personnes connues que les inconnus, le monde extérieur que l'intériorité… L'hebdomadaire regroupe ses sujets autour de cinq thématiques :

▲ Un des premiers numéros du Pèlerin.

l'environnement, les chemins, le patrimoine, la solidarité. Sans oublier la foi et la spiritualité, au sens large, que les lecteurs retrouvent tout au long des pages, notamment, dans …

••• l'atelier biblique, dans les confidences de célébrités (rubrique *En confidences*), dans les témoignages d'anonymes (rubrique *Le cœur qui parle*)…

Comme c'est le cas pour Régine, un lien fort s'est instauré entre les lecteurs et la rédaction. La rubrique courrier en est le témoin, occupant une large place au sein de l'hebdomadaire. Elle traduit l'ambition de la rédaction : partir des lecteurs pour arriver au sujet, et non l'inverse. Ces derniers sont d'ailleurs régulièrement sollicités pour répondre à des questions ouvertes, posées par la rédaction ou par d'autres lecteurs. *Le Pèlerin* séduit car « l'idée s'incarne dans les visages, les rencontres, les histoires », déclare Samuel Lieven. « Être le journal du lien intergénérationnel et du lien entre croyants », telle est, selon son directeur, la définition du magazine. Avec un défi, à l'heure de son 150e anniversaire : « À l'heure de l'hyper-fragmentation de la société, continuer ce savoir-faire du lien. » ■

Dates clés

1873 : premier bulletin de liaison entre les pèlerins.
1877 : refonte du *Pèlerin* par le père Bailly.
1897 : *Pèlerin* nº 1000, première parution de la couverture en couleurs.
1879 : premier almanach du *Pèlerin*.
1920 : 600 000 abonnés et 3 millions de lecteurs (comme en 1970).
2023 : 100 000 abonnés.

Informations communiquées sous réserve de modifications. Renseignez-vous avant de vous rendre aux endroits indiqués.

LE JOUR DU SEIGNEUR – FRANCE 2 (11 heures)

2/7 Chapelle Notre-Dame des Cyclistes, Labastide-d'Armagnac (40).
Prédicateur : P. Pascal Boulic, communauté Saint-Martin.

9/7 Cordes-sur-Ciel (81).
Prédicateur : Mgr Jean Legrez, archevêque d'Albi.

16/7 Montagnes-de-Lans, Lans-en-Vercors (38).
Prédicateur : Fr. Camille de Belloy, dominicain.

23/7 Église Notre-Dame des Flots, Lège-Cap-Ferret (33).
Prédicateur : Fr. Yves Combeau, dominicain.

30/7 Sanctuaire Notre-Dame de Toute-Aide, Querrien (22).
Prédicateur : P. Vincent Cabanac, assomptionniste.

FRANCE CULTURE (10 heures)

2/7 Chapelle Notre-Dame de la Médaille miraculeuse, Paris (VIIe).
Prédicateur : P. Emmanuel Coquet.

9/7 Cathédrale Saint-Pierre, Montpellier (34).
Prédicateur : P. Michel Plagniol.

16/7 Cathédrale Notre-Dame des Doms, Avignon (84).
Prédicateur : P. Daniel Bréhier.

23/7 Cathédrale Saint-Louis, La Rochelle (17).
Prédicateur : P. Bertrand Monnard.

30/7 Chapelle Notre-Dame de la Médaille miraculeuse, Paris (VIIe).
Prédicateur : Mgr Bernard Podvin.

LIVRES

LA SÉLECTION DE PANORAMA

Le Dieu qui ne compte pas

À l'écoute des humiliés et des boiteux

Étienne Grieu, Salvator, 128 p.

Le salut vient des plus pauvres. Étienne Grieu, théologien jésuite, en est convaincu après s'être mis à l'écoute de personnes en grande précarité. Le dialogue avec elles, « bien plus qu'une sorte d'obligation morale, est pour les croyants un véritable lieu théologique ». Car ceux qui ne comptent pas sont proches du Dieu qui ne compte pas. ■

Marie-Christine Vidal

L'esprit de la messe de Paul VI

Jean-Baptiste Nadler, Artège, 150 p.

Soixante ans après Vatican II et alors que des tensions émergent sur des questions liturgiques, Jean-Baptiste Nadler, curé à Vannes, souhaite apaiser le débat. Il donne, avec clarté et pédagogie, des clés de compréhension de l'une des quatre constitutions du dernier concile, *Sacrosanctum concilium*, qu'il met en parallèle avec *Desiderio desideravi*, la lettre apostolique du pape François à propos de la liturgie (2022).

Charité à mains nues

Thierry des Lauriers, Artège, 155 p.

Directeur de l'association Aux captifs, la libération, Thierry des Lauriers raconte dans ce livre sa mission de chrétien auprès des exclus de la société. L'auteur s'appuie sur sa lecture de la Bible. Chacun de ses propos commence par un verset biblique qui met en perspective ce qu'il vit au quotidien. Dans ce témoignage, il nous précise « cette alliance de l'évangélisation et de la charité, du travail pastoral et du travail social ». ■

Anne-Quitterie Jozeau

EXPOSITION

Plan-relief du Mont-Saint-Michel

© Daniel Chenot – CMN

La demeure de l'archange

Il y a 1000 ans, l'abbé Hildebert II fondait l'église abbatiale du Mont-Saint-Michel sur le premier sanctuaire, datant de 708, dédié à l'archange Michel, qui serait apparu à l'évêque Aubert en rêve et lui aurait demandé d'édifier un sanctuaire en son honneur. Cette exposition anniversaire, « La demeure de l'archange, 1000 ans d'histoire et de création à l'abbatiale du Mont-Saint-Michel », révèle l'histoire et l'architecture de ce monument ainsi que les décors, les aménagements et les objets qui y étaient présentés et qui n'y sont plus visibles aujourd'hui. Certains n'ont encore jamais été montrés. ■

Hélène Roquejoffre, ***Le Monde de La Bible***

Jusqu'au 5 novembre 2023 – Abbaye du Mont-Saint-Michel 50170 Le Mont-Saint-Michel – www.abbaye-mont-saint-michel.fr

NOS ACTUS

Agenda 2024

Dès ce mois-ci, commandez l'agenda *Prions en Église* pour l'année 2024. Unique sur le marché, de fabrication française, conçu avec Quo Vadis, il vous propose pour chaque jour, une citation de l'Évangile et les références des lectures de la messe. Il contient aussi, entre autres, les intentions de prières du pape François, le calendrier liturgique de l'année et un répertoire pour noter tous vos contacts. ■

Amandine Boivin

Disponible sur : librairie-bayard.com/agendaprions2024 ainsi qu'en librairie dès le 12 juillet.

CD

24 chants pour prier avec sainte Thérèse

Chantons en Église, ADF Musique

À l'occasion de l'année jubilaire de sainte Thérèse de Lisieux (150e anniversaire de sa naissance et 100e anniversaire de sa béatification), la collection *Chantons en Église* propose un ensemble de chants qui reprennent des textes de la « petite Thérèse » ou qui s'en inspirent.

Thérèse Songs

Pierre Éliane, ADF Musique

Pierre Éliane, bluesman, a commencé sa carrière avec Charlélie Couture avant d'entrer au Carmel. Avec l'album *Thérèse Songs*, il met en musique des poèmes de Thérèse de Lisieux. Une référence musicale autant que spirituelle (reprise des célèbres albums Blanc, Rose et Bleu). ■

Dominique Pierre, rédacteur en chef de *Chantons en Église*

NUMÉRIQUE

16 tubes planétaires

Du 1er au 6 août, Lisbonne et le Portugal accueillent les 37es Journées mondiales de la jeunesse (JMJ). Dès le 15 juillet avec l'appli *Prions en Église*, plongez-vous dans l'atmosphère spirituelle des JMJ en redécouvrant les hymnes emblématiques de ces rencontres internationales. Que ce soit à la plage, en vacances ou simplement chez vous, ces chants sauront vous accompagner tout au long de l'été ! À fredonner en famille. ■

Sébastien Antoni

Disponible sur Appstore et Google play

AGENDA

Informations communiquées sous réserve de modifications.

PÈLERINAGE NATIONAL J-45! 150 ANS

Grand Nord-Ouest

TROUVILLE (14)

SAMEDI 22 ET DIMANCHE 23

Fête de la mer

Week-end festif pour honorer la mer et le travail des marins-pêcheurs, avec messe en l'église Notre-Dame-des-Victoires, défilés, balades en mer, visites de navires, etc.

Office du Tourisme : 02 31 14 60 70
www.trouvillesurmer.org

LA-CHAPELLE-MONTLIGEON (61)

DU SAMEDI 22 AU SAMEDI 29

Session d'été

Stage de chant grégorien ouvert à tous, « de l'initiation au perfectionnement », proposé par la Schola Saint-Grégoire. Au sanctuaire de Montligeon.

02 43 28 08 76
schola-st-gregoire@wanadoo.fr
www.schola-st-gregoire.org

SAINT-ANNE D'AURAY (56)

MARDI 25 ET MERCREDI 26

Grand Pardon

Le Grand Pardon de Sainte-Anne-d'Auray célèbre cette année les 400 ans des apparitions de sainte Anne à Yvon Nicolazic (de 1623 à 1625), et le jubilé diocésain de l'Église universelle sur le thème « Pèlerins de l'Espérance ». Messe, procession, rencontres.

02 97 57 68 80
www.sainteanne-sanctuaire.com
www.vannes.catholique.fr

Grand Nord-Est

PARAY-LE-MONIAL (71)

À PARTIR DU LUNDI 10

Jubilé

Les dominicains célèbrent saint Thomas d'Aquin, canonisé le 18 juillet 1323, durant trois années jubilaires, de 2023 à 2025. Une exposition intitulée « Saint Thomas d'Aquin, une sagesse offerte à tous » est visible au musée du Hiéron jusqu'au 1er octobre.

centenairethomasdaquin@gmail.com
thomas-aquinas-jubileum.org
www.musee-hieron.fr •••

… STRASBOURG (67)
DU MARDI 11 AU DIMANCHE 16
Session
« Hébreu et judaïsme alsacien » de l'association œcuménique Charles-Péguy, « De Jaffa à Ninive, une croisière au fil du livre de Jonas », avec sœur Michèle Debrouwer (Notre-Dame de Sion) et Jean Brousse. Cours d'hébreu, visites, rencontres, conférences, etc.
03 89 22 74 90
henrijacquier@gmail.com

Grand Sud-Ouest

SABLONCEAUX (17)
DU DIMANCHE 23 AU SAMEDI 29
Session couples
Une semaine « Cana » à l'abbaye, pour se retrouver en couple (marié ou non, chrétien, proche ou loin de la foi…) et relire son engagement, partager, prier, se détendre… Accueil possible des enfants de 0-12 ans. Autre semaine du 13 au 19 août à l'abbaye des Dombes (01).
07 60 27 28 41
canafrance@chemin-neuf.fr
www.cana-couple.fr

BRIVE-LA-GAILLARDE (19)
DU DIMANCHE 23 AU DIMANCHE 30
Retraite en famille
Semaine de vacances franciscaines en famille autour du sanctuaire des grottes de Saint-Antoine. Enseignements (avec Henri Namur, frère mineur, et Sylvie Badets, franciscaine) et animations pour les ados et enfants ; loisirs et tourisme.
06 22 79 31 04
vacancesfranciscaines@gmail.com

Grand Sud-Est

BELLEY-ARS (01)
DU LUNDI 3 AU VENDREDI 7
Pélé VTT
Partir d'Oyonnax, cinq jours à vélo et en pèlerinage, jusqu'à la grande statue de la Madone au Mas-Rillier. Proposition pour les 11-15 ans, accompagnés aussi d'une équipe de lycéens (16-18 ans) et d'animateurs.

04 74 32 86 57
pelevtt01@gmail.com
www.pele-vtt.fr

AVIGNON (84)

MARDI 11 ET MARDI 18

Foi et culture

Dans le cadre du 77e festival de théâtre, le diocèse d'Avignon propose plusieurs rencontres « Foi et culture » (échanges avec un artiste) entre 12 heures et 13 heures à la chapelle des Italiens.
04 90 27 26 00
www.festival.diocese-avignon.fr

SIMIANE-COLLONGUE (13)

DU MARDI 4 AU JEUDI 6

20e rencontre interreligieuse

À l'abbaye bénédictine de Sainte-Lioba, avec le rabbin Philippe •••

ZOOM

Les Petits Chanteurs en Normandie

Du 8 au 12 juillet, près de 800 enfants sont invités en Normandie au congrès national Pueri Cantores France. Une rencontre unique pour ces jeunes chanteurs qui, toute l'année, répètent, chantent et performent la musique liturgique. « Comme les pèlerins à l'époque, nous traversons à pied la baie du Mont-Saint-Michel jusqu'à la basilique, pour ensuite vivre une grande veillée. Ce sera un moment marquant ! » s'enthousiasme Benoît Kiry, chef de chœur de la Manécanterie de Saint-Jean à Colmar (68). Il y emmène un ensemble d'une quarantaine de collégiennes. Ce colloque leur donne aussi l'occasion de faire étape à Lisieux pour découvrir le message de la petite Thérèse, puis à Caen pour prier pour la paix au Mémorial, de donner des concerts de gala, de participer à la messe à la cathédrale de Bayeux… « Chanter ensemble, ce n'est pas rien, ajoute ce chef de chœur depuis 17 ans, qui a déjà participé à la rencontre de 2016 en Alsace. Se retrouver avec d'autres jeunes chanteurs, qui ont pris le même engagement exigeant, partager des moments conviviaux et musicaux, cela donne du sens ! » ■ **Clotilde Pruvôt**

… Haddad et sur le thème : « Parler de mystique c'est parler d'une expérience personnelle et intérieure entre la créature et Dieu. »
04 42 22 60 60
benedictins@lioba.com
www.lioba.com

ROQUEFORT-LES-PINS (06)
DU LUNDI 10 AU DIMANCHE 16
Retraites
Retraite « Prier en couleurs » chaque jour en méditant et en peignant à partir d'un texte de la Bible. Ou, retraite à partir de textes de Teilhard de Chardin, prêchée par Jean-Claude Lenain, prêtre. Au Foyer de Charité (près de Nice).
04 92 60 30 00
accueil@foyercotedazur.com
www.foyercotedazur.com

Île-de-France

CHEVILLY-LARUE (94)
DU SAMEDI 1ER AU DIMANCHE 9
Formation
Grâce aux Exercices spirituels pour un discernement apostolique en commun (ESDAC), se former au discernement collectif, pour aider les groupes à grandir dans la communion et avancer vers plus de synodalité. Pour les animateurs ou responsables en Église.
esdac.net

VERSAILLES (78)
DU LUNDI 24 AU DIMANCHE 30
Retraite
« Dieu sage ou Dieu passage ? » : enseignements et temps de prière, eucharistie avec la communauté du Cénacle. Animé par Raphaël Buyse, prêtre du diocèse de Lille. Au centre spirituel du Cénacle.
01 39 50 21 56
secretariat@cenacle78.fr
www.ndcenacle.org

ENVOYEZ VOS RENDEZ-VOUS À L'AGENDA DE PRIONS EN ÉGLISE : Merci d'envoyer les informations nécessaires 3 mois avant l'événement, sans engagement de publication par la rédaction, à : *Prions en Église*, Agenda, 18 rue Barbès, 92120 Montrouge, ou par e-mail : *prionseneglise@groupebayard.com*

PrionsenÉglise 18, rue Barbès,
www.prionseneglise.fr 92128 Montrouge Cedex.

▶ **POUR CONTACTER LE SERVICE CLIENT : 01 74 31 15 01** – service.client@groupebayard.com
(Préciser : nom + adresse postale + « concerne Prions en Église ».)

▶ **POUR VOUS ABONNER : 01 74 31 15 01** – www.librairie-bayard.com
Bayard, Prions en Église, TSA 60007, 59714 Lille Cedex 9

▶ **POUR CONTACTER LA RÉDACTION : 01 74 31 63 24** – prionseneglise@groupebayard.com

Directeur de la publication : Pascal Ruffenach. Directeur du secteur et directeur des rédactions : Jean-Pierre Denis. Rédaction : Karem Bustica (rédactrice en chef), Pomme Mignon (rédactrice en chef adjointe visuel, directrice artistique), Frédéric Pascal (rédacteur en chef adjoint), Armelle Gabriel (assistante), Nicolas Crouzier (secrétaire général de la rédaction), Jean-Baptiste Deau (1er secrétaire de rédaction), Clotilde Pruvôt, Véronique Jollé (secrétaires de rédaction), Laurent Sangpo, Pascal Redoutey (rédacteurs graphistes), Ania Biszewska (rédactrice photo), Sébastien Antoni (chef de grande rubrique), Anne-Quitterie Jozeau (rédactrice), Agnès Thépot (relations lecteurs). Ont participé : Michèle, Clavier, Thibault Van Den Driessche. Marketing éditeur et développement : Anne-Claire Marion (directrice), Amandine Boivin (responsable marketing). Marketing diffusion et abonnement : Aurore Bertrand (directrice), Sandrine Dos Santos (chef de marché). Direction des terrains catholiques : Cédric Bloquet (directeur). Voyages lecteurs : Corinne Miguel. Contrôle de gestion : Tonnumy Ai. Fabrication : Grégory Cervantes. Impression : Maury SAS, Z.I. Route d'Étampes, 45330 Malesherbes. Textes liturgiques : © AELF. Chants : © Éditeurs. © Bayard et Novalis. Reproduction interdite sans autorisation. *Prions en Église* est édité par Bayard, société anonyme à Directoire et Conseil de Surveillance au capital de 16 500 000 €. Actionnaires : Augustins de l'Assomption (93,7 % du capital), SA Saint-Loup, Association Notre-Dame de Salut. Directoire : Pascal Ruffenach (président), André Antoni, Florence Guémy et Jean-Marie Montel (directeurs généraux). Président du Conseil de Surveillance : Hubert Chicou. Dépot légal à parution. CPPAP : 0425K86471 - ISSN : 0383-8285. Belgique et Luxembourg : Bayard Presse Bénélux, Da Vincilaan, 1 – 1930 Zaventem. Tél. : 0800 250 38 (de Belgique, gratuit) ou 800 29 195 (du Luxembourg). Web marché chrétien : librairie-bayard.com. Suisse : Asendia Press Edigroup SA, Chemin du Château-Bloch 10, 1219 Le Lignon. Tél. : 00 41 22 860 84 02. Mail : abobayard@edigroup.ch

***Ce numéro comporte :** Sur la totalité de la diffusion : encart posé "Prions en Église Junior" ; encart jeté "Prions en Église" autopromo. Sur une partie de la diffusion : relance posée "Prions en Église" offre d'abonnement.*

***Prions en Église* agit pour l'environnement**
PETIT FORMAT Origine du papier : Suède. Taux de fibres recyclées : 0%. Origine des fibres : papier issu de forêts gérées durablement. Impact sur l'eau : Ptot 0,007 kg/T.
GRAND FORMAT Origine du papier : Suède. Taux de fibres recyclées : 0 %. Origine des fibres : papier issu de forêts gérées durablement. Impact sur l'eau : Ptot 0,003 kg/T

PEFC 10-31-1282 Certifié PEFC Ce produit est issu de forêts gérées durablement et de sources contrôlées. pefc-france.org

IMPRIM'VERT

FR